CW00943945

ISBN 978-0-266-14621-6
PIBN 10930202

FB &c Ltd, Dalton House, 60 Windsor Avenue, London, SW19 2RR.
Company number 08720141. Registered in England and Wales.

For support please visit www.forgottenbooks.com

BIBLIOTHÈQUE NATIONALE

COLLECTION DES MEILLEURS AUTEURS ANCIENS ET MODERNES

THÉATRE

DE

REGNARD

LE LÉGATAIRE UNIVERSEL

LE BAL

PARIS

LIBRAIRIE DE LA BIBLIOTHÈQUE NATIONALE

2, RUE DE VALOIS, 2 (PALAIS-ROYAL)

AVERTISSEMENT

On sait qu'un fait véritable a donné l'idée de la pièce du *Légataire*. La scène du testament fut en effet jouée longtemps avant que Regnard imaginât d'en faire une comédie : mais ce que tout le monde ne sait pas, c'est que ce furent les jésuites de Rome qui l'exécutèrent. Cette anecdote est assez curieuse pour que nous nous empressions de la mettre sous les yeux de nos lecteurs. Les détails que nous publions sont extraits des notes qui suivent la tragédie des *Jammabos*. L'auteur assure qu'ils n'ont jamais été imprimés, et croit pouvoir en garantir l'authenticité. Voici cette anecdote :

EXTRAIT DES NOTES

QUI SUIVENT LA TRAGÉDIE DES JAMMABOS.

Antoine-François Gauthiot, seigneur d'Ancier, était d'une famille noble de Franche-Comté, et y possédait de grands biens. Riche et vieux garçon, c'était un titre pour mériter l'attention des jésuites : aussi ceux de la ville de Besançon, où il faisait sa demeure, n'oublièrent rien pour gagner son amitié et sa succession. Ils écrivirent à leurs confrères de Rome, quand M. d'Ancier y alla, en 1626, et ils recommandèrent beaucoup cet intéressant voyageur, en les informant des vues qu'ils avaient sur lui. Notre Franc-Comtois en reçut donc le plus grand accueil. Il tomba malade, et ne put alors refuser à leurs instances d'aller prendre un logement chez eux, c'est-à-dire dans la maison du Grand-Jésus, habitée par le général même de la société. Cependant la maladie empira; M. d'Ancier mourut; et, ce qui était le plus fâcheux pour ses hôtes, il mourut *ab intestat*.

Grande désolation parmi les compagnons de Jésus. Heureusement pour eux, ils avaient alors un frère qui était resté longtemps à leur maison de Besançon. Ce modèle des Crispins, voyant la douleur générale, entreprend de la calmer. Son esprit inventif lui fait apercevoir du remède à un malheur qui n'en paraît pas susceptible ; et le digne serviteur apprend à ses maîtres qu'il connaît en Franche-Comté un paysan dont la voix ressemble tellement à celle du défunt, que tout le monde s'y trompait. A ce coup de lumière l'espérance des pères se ranime : ils conviennent de cacher la mort de l'ingrat qui est parti sans payer son gîte, et de faire venir l'homme que la Providence a mis en état de les servir dans cette importante occasion.

C'était un nommé Denys Euvrard, fermier d'une grange appartenant à M. d'Ancier luimême, et située au village de Montferrand, près de Besançon. Mais comment le déterminer à entreprendre ce voyage? Le frère jésuite avait donné l'idée du projet; on le charge de l'exécution. Le voilà parti pour la Franche-Comté. Il arrive, et va trouver Denys Euvrard. Il ne l'aborde qu'en secret, et commence par le faire jurer de ne rien révéler, même à sa femme, de ce qu'il vient lui apprendre. Alors il lui dit que M. d'Ancier est malade à Rome et veut faire son testament; mais qu'ayant auparavant des choses essentielles à lui communiquer, il l'envoie chercher et promet de le récompenser généreusement. Le fermier ne balance pas : sans parler de son voyage à personne, il se met en route avec le frère, et tous deux se rendent à Rome, dans la maison du Grand-Jésus.

Dès que Denys Euvrard y est entré, deux jésuites viennent à sa rencontre : « Ah, mon pauvre ami! lui disent-ils avec l'air et le ton de la douleur, vous arrivez trop tard; M.

d'Ancier est mort : c'est une grande perte pour nous et pour vous. Son intention était de vous donner sa grange de Montferrand, et de léguer le reste de ses biens à nos pères de Besançon : mais il n'y faut plus songer. » Alors ils le conduisent dans une chambre ; on l'y laisse se reposer; et il demeure seul, abandonné à ses tristes réflexions.

Le lendemain, un des mêmes pères qui l'avaient entretenu la veille revient le voir, et la conversation retombe sur le même sujet. « Mon cher Euvrard, lui dit le jésuite, il me vient une idée. C'était l'intention de M. d'Ancier de faire son testament : il voulait vous donner sa grange de Montferrand et nous laisser le surplus de ce qu'il possédait. Vous avouerez qu'il était maître de ses biens ; il pouvait en disposer comme il le jugeait convenable : ainsi l'on peut regarder ces biens comme nous étant déjà donnés devant Dieu. Il ne manque donc que la formalité du testament ; mais c'est un petit défaut de forme qu'il est possible de réparer. Je me suis aperçu que vous avez la voix entièrement semblable à celle de M. d'Ancier : vous pourriez facilement le représenter dans un lit, et dicter un testament conforme à ses intentions. Surtout vous n'oublierez pas de vous donner la grange de Montferrand. »

Le bon fermier se rendit sans peine à l'avis du casuiste. Le père jésuite, que le frère avait parfaitement instruit des biens du défunt, fit faire à Denys Euvrard plusieurs répétitions du rôle qu'il devait jouer. Enfin, lorsque celui-ci parut assez exercé, il fut mis dans un lit; on manda le notaire, et deux hommes distingués de la Franche-Comté, l'un conseiller au parlement, l'autre chanoine de la métropole, qui se trouvaient alors à Rome, furent invités de la part de M. d'Ancier à venir assister à son testament. Il faut observer que, depuis quelque temps, ces deux personnes s'étaient souvent présentées pour voir M. d'Ancier, et qu'on leur avait toujours répondu qu'il n'était pas en état de recevoir.

Quand le notaire et tous les témoins furent arrivés, le soi-disant moribond, bien enfoncé dans le lit, son bonnet sur les yeux, le visage tourné contre le mur, et ses rideaux à peine entr'ouverts, dit quelques mots à ses deux compatriotes; puis on s'occupa de l'acte pour lequel on était assemblé.

Après le préambule ordinaire, le testateur révoque tout testament qu'il pourrait avoir fait précédemment, et tout autre qu'il pourrait faire par la suite, à moins qu'il ne commence par ces mots, *Ave, Maria, gratia plena*. Il élit sa sépulture dans l'église des révérends pères jésuites de Rome, sous le bon plaisir et vouloir du révérend père général. Il donne et lègue une somme de cinquante francs à chacune des pauvres communautés religieuses de Besançon, et une autre somme aussi très-modique, avec un tableau, à l'un de ses parents.

« *Item*, continue-t-il, je donne et lègue à Denys Euvrard, mon fermier, ma grange de Montferrand et toutes ses dépendances. » (A ces derniers mots, le jésuite qui était assis auprès du lit, parut fort étonné. L'acteur ajoutait à son rôle, et ce n'est point ainsi qu'on l'avait fait répéter.) L'enfant d'Ignace observa donc au testateur que ces *dépendances* étaient considérables, puisqu'elles comprenaient *un moulin, un petit bois et des cens* : mais l'homme qui était dans le lit ne voulut en rien rabattre, et soutint qu'il avait les plus grandes obligations à ce fermier.

« *Item*, je donne et lègue audit Denys Euvrard ma vigne située à la côte des Maçons, et de la contenance de quatre-vingts ouvrées.» — (Nouvelle observation de la part du révérend père ; même réponse de la part du testateur.)

« *Item*, je donne et lègue aussi audit Denys Euvrard mille écus à choisir dans mes meilleures constitutions de rente, et tout ce qu'il peut me redevoir de termes arriérés pour son bail de la grange de Montferrand. »

(Ici le jésuite, outré de dépit, voulut encore faire des remontrances ; mais il n'en eut pas le temps, et la parole lui fut coupée par le malade.)

« *Item*, je donne et lègue une somme de cinq cents francs à l'enfant de la nièce dudit Denys Euvrard : sans doute que cet enfant est de mes œuvres. »

Le révérend père était resté sans voix ; mais il étouffait de colère. Enfin le testateur déclara que, « quant au surplus de ses biens, il nommait, instituait ses héritiers seuls et universels pour le tout les pères jésuites de la maison de Besançon, à la charge par eux de bâtir leur église suivant le plan projeté, d'y ériger une chapelle sous l'invocation de saint Antoine et de saint François, ses bons patrons, et de célébrer dans ladite chapelle une messe quotidienne pour le repos de son âme. »

Tel est ce testament singulier, qui a servi de modèle à celui de Crispin, et qui n'est certainement pas moins plaisant. Mais M. d'Ancier ne fit point comme Géronte; il ne revint pas. Sa mort fut annoncée le lendemain; on publia le testament à l'officialité de Besançon; et les jésuites furent mis en possession de cet héritage.

Quelques années après, Denys Euvrard se trouva véritablement dans l'état qu'il avait si bien joué à Rome. Voyant qu'il touchait à la fin de sa vie, il sentit des remords et fit à son curé l'aveu de tout ce qui s'était passé. Celui-ci, qui n'avait point étudié la morale dans les casuistes de la société de Jésus, représenta au moribond l'énormité de son crime. Ce pasteur éclairé lui dit que, devant un notaire, assisté du juge du lieu et de plusieurs témoins, il fallait déclarer dans le plus grand détail la manœuvre à laquelle il s'était prêté, et faire en même temps aux héritiers de M. d'Ancier un abandon, non seulement des biens qu'il s'était donnés, mais encore de tout ce qu'il possédait. La déclaration et l'abandon furent faits dans toutes les les formes, et suivis de la mort de Denys Euvrard.

Dès que les héritiers naturels de M. d'Ancier eurent en main des pièces si fortes, ils se pourvurent contre le testament. Ils gagnèrent d'abord à Besançon, dans le premier degré de juridiction. On en appela au parlement de Dôle; ils gagnèrent encore. Une dernière ressource restait à la société, et le procès fut porté au conseil suprême de Bruxelles (car la Franche-Comté, soumise à l'Espagne, dépendait alors du gouvernement de Flandre). Dans ce dernier tribunal, le crédit et les intrigues des jésuites prévalurent enfin; les deux premiers jugements furent cassés; les pères furent maintenus dans la possession des biens dont ils jouissaient; et l'on lit encore sur le frontispice de leur église, possédée à présent par le collége de Besançon : *Ex munificentia domini d'Ancier*.

On ne peut douter que Regnard, qui voyagea beaucoup dans sa jeunesse, n'ait eu connaissance de cette anecdote. Il en fut vraisemblablement instruit à Bruxelles, où il alla en 1681, c'est-à-dire dans un temps où l'on devait y conserver encore la mémoire de ce singulier procès, puisqu'il avait eu pour témoins tous ceux des habitants de cette ville qui se trouvaient alors âgés de cinquante à soixante ans. Quand le poëte composa dans la suite sa comédie du *Légataire*, il se garda bien de citer la source qui lui en avait fourni l'idée; c'était l'époque de la plus grande puissance des jésuites : il eut donc la prudence de cacher ce que sa pièce leur devait, et ces pères eurent la modestie de ne pas le éclamer.

Il paraît cependant que Regnard ne s'attribua point la gloire de l'invention, ou du moins qu'elle lui fut contestée. C'est ce que semble indiquer un passage du dictionnaire portatif des théâtres. « On prétend, y est-il dit à l'article du *Légataire*, qu'un fait véritable a donné l'idée de cette pièce. » Mais ce fait n'était guère connu que dans la Franche-Comté, où il a toujours été de notoriété publique

---

LE

LÉGATAIRE UNIVERSEL

COMÉDIE EN CINQ ACTES, EN VERS

1708

PERSONNAGES

GÉRONTE, oncle d'Éraste.
ÉRASTE, amant d'Isabelle.
MADAME ARGANTE, mère d'Isabelle.
ISABELLE, fille de madame Argante.
LISETTE, servante de Géronte.
CRISPIN, valet d'Éraste.
M. CLISTOREL, apothicaire.
M. SCRUPULE, } notaires.
M. GASPARD, }
UN LAQUAIS.

La scène est à Paris, chez M. Géronte.

LE LÉGATAIRE UNIVERSEL

ACTE PREMIER

SCÈNE PREMIÈRE

LISETTE, CRISPIN.

LISETTE.

Bonjour, Crispin, bonjour.

CRISPIN.

Bonjour, belle Lisette;
Mon maître, toujours plein du soin qui l'inquiète,
M'envoie, à ton lever, zélé collatéral,
Savoir comment son oncle a passé la nuit. —

LISETTE.

Mal.

CRISPIN.

Le bonhomme, chargé de fluxions, d'années,
Lutte depuis longtemps contre les destinées,
Et pare de la mort le trait fatal en vain;
Il n'évitera pas celui du médecin;
Il garde le dernier; et ce corps cacochyme
Est à son art fatal dévoué pour victime.
Nous prévoyons, dans peu, qu'un petit ou grand deuil

Étendra de son long Géronte en un cercueil.
Si mon maître pouvait être fait légataire,
Je ferais volontiers les frais du luminaire.

LISETTE.

Un remède par moi lui vient d'être donné,
Tel que l'apothicaire en avait ordonné.
J'ai cru que ce serait le dernier de sa vie;
Il est tombé sur moi deux fois en léthargie.

CRISPIN.

De ses bouillons de bouche, et des postérieurs,
Tu prends soin?

LISETTE.

De ma main il les trouve meilleurs.
Aussi, sans me targuer d'une vaine science,
J'entends ce métier-là mieux que fille de France.

CRISPIN.

Peste, le beau talent! tu te fais bien payer,
Je crois, de tous les soins qu'il te fait employer.

LISETTE.

Il ne me donne rien; mais j'ai, pour récompense,
Le droit de lui parler avec toute licence;
Je lui dis, à son nez, des mots assez piquants;
Voilà tous les profits que j'ai depuis cinq ans.
C'est le plus ladre vert qu'on ait vu de la vie:
Je ne puis exprimer où va sa vilenie.
Il trouve tous les jours dans son fécond cerveau
Quelque trait d'avarice admirable et nouveau.
Il a, pour médecin, pris un apothicaire
Pas plus haut que ma jambe, et de taille sommaire:
Il croit qu'étant petit, il lui faut moins d'argent,
Et qu'attendu sa taille, il ne paîra pas tant.

CRISPIN.

S'il est court, il féra de très-longues parties.

LISETTE.

Mais dans son testament ses grâces départies
Doivent me racquitter de son avare humeur :
Ainsi je renouvelle avec soin mon ardeur.

CRISPIN.

Il fait son testament ?

LISETTE.

Dans peu de temps j'espère
Y voir coucher mon nom en riche caractère.

CRISPIN.

C'est très-bien espérer : j'espère bien encor
Y voir aussi coucher le mien en lettres d'or.

LISETTE.

Tout beau, l'ami, tout beau ! l'on dirait, à t'entendre,
Qu'à la succession tu peux aussi prétendre.
Déjà ne sont-ils pas assez de concurrents,
Sans t'aller mettre encor au rang des aspirants ?
Il a tant d'héritiers, le bon seigneur Géronte,
Il en a tant et tant, que parfois j'en ai honte :
Des oncles, des neveux, des nièces, des cousins,
Des arrière-cousins remués des germains.
J'en comptai l'autre jour, en lignes paternelles,
Cent sept mâles vivants ; juge encor des femelles.

CRISPIN.

Oui ! mais mon maître aspire à la plus grosse part.
J'en pourrais bien aussi tirer ma quote-part ;
Je suis un peu parent, et tiens à la famille.

LISETTE.

Toi ?

CRISPIN.

Ma première ſemme était assez gentille,
Une Bretonne vive, et coquette surtout,
Qu'Éraste, que je sers, trouvait fort à son goût.
Je crois, comme toujours il fut aimé des dames,
Que nous pourrions bien être alliés par les femmes;
Et de monsieur Géronte il s'en faudrait bien peu
Que par là je ne ſusse un arrière-neveu.

LISETTE.

Oui-dà; tu peux passer pour parent de campagne,
Ou pour neveu, suivant la mode de Bretagne.

CRISPIN.

Mais, raillerie à part, nous avons grand besoin
Qu'à ſaire un testament Géronte prenne soin.
Si mon maître, *primo*, n'est nommé légataire,
Le reste de ses jours il ſera maigre chère;
Secundo, quoiqu'il soit diablement amoureux,
Madame Argante, avant de couronner ses feux,
Et de le marier à sa fille Isabelle,
Veut qu'un bon testament, bien sûr et bien fidèle,
Fasse ledit neveu légataire de tout.
Mais ce qui doit le plus être de notre goût,
C'est qu'Éraste nous ſait trois cents livres de rente,
Si nous réussissons au gré de son attente:
Ce don de notre hymen formera les liens.
Ainsi tant de raisons sont autant de moyens
Que j'emploie à prouver qu'il est très-nécessaire
Que le susdit neveu soit nommé légataire;
Et je conclus enfin qu'il ſaut conjointement
Agir pour arriver au susdit testament.

LISETTE.

Comment diable! Crispin, tu plaides comme un ange!

CRISPIN.

Je le crois. Mon talent te paraît-il étrange?
J'ai brillé dans l'étude avec assez d'honneur,
Et l'on m'a vu trois ans clerc chez un procureur.
Sa femme était jolie; et, dans quelques affaires,
Nous jugions à huis clos de petits commissaires.

LISETTE.

La boutique était bonne. Eh! pourquoi la quitter?

CRISPIN.

L'époux, un peu jaloux, m'en a fait déserter.
Un procureur n'est pas un homme fort traitable.
Sur sa femme il m'a fait des chicanes du diable;
J'ai bataillé, ma foi, deux ans sans en sortir;
Mais je fus à la fin contraint de déguerpir.

SCÈNE II

ÉRASTE, CRISPIN, LISETTE.

CRISPIN.

Mais mon maître paraît.

ÉRASTE.

Ah! te voilà, Lisette?
Guéris-moi, si tu peux, du soin qui m'inquiète.
Eh bien, mon oncle est-il en état d'être vu?

LISETTE.

Ah! monsieur, depuis hier il est encor déchu;
J'ai cru que cette nuit serait la nuit dernière,
Et que je fermerais pour jamais sa paupière.

Les lettres de répit qu'il prend contre la mort
Ne lui serviront guère, ou je me trompe fort.

ÉRASTE.

Ah ciel ! que dis-tu là ?

LISETTE.

C'est la vérité pure.

ÉRASTE.

Quel que soit mon espoir, je sens que la nature
Excite dans mon cœur de tristes sentiments.

CRISPIN.

Je sentis autrefois les mêmes mouvements
Quand ma femme passa les rives du Cocyte,
Pour aller en bateau rendre aux défunts visite.
J'en avais dans le cœur un plaisir plein d'appas,
Comme tant de maris l'auraient en pareil cas ;
Cependant la nature, excitant la tristesse,
Faisait quelque conflit avecque l'allégresse,
Qui, par certains ressorts et mélanges confus,
Combattaient tour à tour et prenaient le dessus ;
En sorte que l'espoir... la douleur légitime...
L'amour... On sent cela bien mieux qu'on ne l'exprime.
Mais ce que je puis dire, en vous accusant vrai,
C'est que, tout à la fois, j'étais et triste et gai.

ÉRASTE.

Je ressens pour mon oncle une amitié sincère ;
Je donne dans son sens en tout pour lui complaire ;
Quoi qu'il dise ou qu'il fasse, ayant le droit ou non,
Je conviens avec lui qu'il a toujours raison.

LISETTE.

Il faut que le vieillard soit mal dans ses affaires,
[illegible]qu'il m'a commandé d'aller chez deux notaires.

CRISPIN.

Deux notaires ! hélas ! cela me fend le cœur.

LISETTE.

C'est pour instrumenter avecque plus d'honneur.

ÉRASTE.

Eh ! dis-moi, mon enfant, en pleine confidence,
Puis-je, sans me flatter, former quelque espérance ?

LISETTE.

Elle est très-bien fondée ; et, depuis quelques jours,
Avec madame Argante il tient certains discours,
Où l'on parle tout bas de legs, de mariage ;
Je n'ai de leur dessein rien appris davantage.
Votre maîtresse est mise aussi de l'entretien.
Pour moi, je crois qu'il veut vous laisser tout son bien,
Et vous faire épouser Isabelle.

ÉRASTE.

Ah ! Lisette !
Que tu flattes mes sens ! que ma joie est parfaite !
Ce n'est point l'intérêt qui m'anime aujourd'hui ;
Un dieu beaucoup plus fort et plus puissant que lui,
L'Amour, parle en mon cœur : la charmante Isabelle
Est de tous mes désirs une cause plus belle,
Et pour le testament me fait faire des vœux...

LISETTE.

L'amour et l'intérêt seront contents tous deux.
Serait-il juste aussi qu'un si bel héritage
De cent cohéritiers devînt le sot partage ?
Verrais-je d'un œil sec déchirer par lambeaux
Par tant de campagnards, de pieds plats, de nigauds,
Une succession qui doit, par parenthèse,
Vous rendre un jour heureux et nous mettre à notre aise ?

Car vous savez, monsieur...

ÉRASTE.

Va, tranquillise-toi;
Ce que j'ai dit est dit; repose-toi sur moi.

LISETTE.

Si votre oncle vous fait le bien qu'il se propose,
Sans trop vanter mes soins, j'en suis un peu la cause:
Je lui dis tous les jours qu'il n'a point de neveux
Plus doux, plus complaisants ni plus respectueux,
Non par l'espoir du bien que vous pouvez attendre,
Mais par un naturel et délicat et tendre.

CRISPIN.

Que cette fille-là connaît bien votre cœur!
Vous ne sauriez, ma foi, trop payer son ardeur.
Je dois dans peu de temps contracter avec elle:
Regardez-la, monsieur; elle est et jeune et belle:
N'allez pas en user comme de l'autre, non!

LISETTE.

Monsieur Géronte vient; il faut changer de ton.
Je n'ai point eu le temps d'aller chez les notaires.
Toi, qui m'as trop longtemps parlé de tes affaires,
Va vite, cours, dis-leur qu'ils soient prêts au besoin;
L'un s'appelle Gaspard et demeure à ce coin:
Et l'autre un peu plus bas et se nomme Scrupule.

CRISPIN.

Voilà pour un notaire un nom bien ridicule.

SCÈNE III

GÉRONTE, ÉRASTE, LISETTE, UN LAQUAIS.

GÉRONTE.

Ah ! bonjour, mon neveu.

ÉRASTE.

Je suis, en vérité,
Charmé de vous revoir en meilleure santé.
De grâce, asseyez-vous.

(*Le laquais apporte une chaise.*)

ÉRASTE.

Ote donc cette chaise.
Mon oncle en ce fauteuil sera plus à son aise.

(*Le laquais ôte la chaise, apporte un fauteuil et sort.*)

SCÈNE IV

GÉRONTE, ÉRASTE, LISETTE.

GÉRONTE.

J'ai cette nuit été secoué comme il faut,
Et je viens d'essuyer un dangereux assaut :
Un pareil, à coup sûr, emporterait la place.

ÉRASTE.

Vous voilà beaucoup mieux ; et le ciel, par sa grâce,
Pour vos jours en péril nous permet d'espérer.
Il faut présentement songer à réparer
Les désordres qu'a pu causer la maladie,

GÉRONTE.

Quoique déjà je sois atteint et convaincu,
Par les maux que je sens, d'avoir longtemps vécu;
Quoiqu'un sable brûlant cause ma néphrétique,
Que j'endure les maux d'une âcre sciatique,
Qui, malgré le bâton que je porte en tout lieu,
Fait souvent qu'en marchant je dissimule un peu,
Je suis plus vigoureux que l'on ne s'imagine,
Et je vois bien des gens se tromper à ma mine.

LISETTE.

Il est de certains jours de barbe où, sur ma foi,
Vous ne paraissez pas plus malade que moi.

GÉRONTE.

Est-il vrai?

LISETTE.

Dans vos yeux un certain éclat brille.

GÉRONTE.

J'ai toujours reconnu du bon dans cette fille.
Je veux pourtant songer à mettre ordre à mon bien,
Avant qu'un prompt trépas m'en ôte le moyen.
Tu connais et tu vois parfois madame Argante?

ÉRASTE.

Oui; dans ses procédés elle est toute charmante.

GÉRONTE.

Et sa fille Isabelle, euh! la connais-tu?

ÉRASTE.

Fort.

C'est une fille sage, et qui charme d'abord.

GÉRONTE.

Tu conviens que le ciel a versé dans son âme
Les qualités qu'on doit chercher en une femme.

ÉRASTE.

ne vois point d'objet plus digne d'aucuns vœux,
de fille plus propre à rendre un homme heureux.

GÉRONTE.

m'en vais l'épouser.

ÉRASTE.

Vous, mon oncle?

GÉRONTE.

Moi-même.

ÉRASTE.

n ai, je vous l'avoue, une allégresse extrême.

LISETTE.

séricorde! hélas! ah ciel! assistez-nous.
quelle malheureuse allez-vous être époux?

GÉRONTE.

sabelle, en ce jour; et, par ce mariage,
lui donne, à ma mort, tout mon bien en partage.

ÉRASTE.

ıs ne pouvez mieux faire, et j'en suis très-content;
roudrais, comme vous, en pouvoir faire autant.

LISETTE.

i! vous, vieux et cassé, fiévreux, épileptique,
ılytique, étique, asthmatique, hydropique,
ıs voulez de l'hymen allumer le flambeau,
ıe faire qu'un saut de la noce au tombeau!

GÉRONTE.

ais ce qu'il me faut: apprenez, je vous prie,
même ma santé veut que je me marie.
rends une compagne, et de qui tous les jours
ourrai dans mes maux tirer de grands secours.
me sert-il d'avoir une avide cohorte

D'héritiers qui toujours veille et dort à ma porte;
De gens qui, furetant les clefs du coffre-fort,
Me détendront mon lit peut-être avant ma mort?
Une femme, au contraire, à son devoir fidèle,
Par des soins conjugaux me marquera son zèle;
Et, de son chaste amour recueillant tout le fruit,
Je me verrai mourir en repos et sans bruit.

ÉRASTE.

Mon oncle parle juste et ne saurait mieux faire
Que de se ménager un secours nécessaire :
Une femme économe et pleine de raison
Prendra seule le soin de toute la maison.

GÉRONTE, *l'embrassant.*

Ah! le joli garçon! aurais-je dû m'attendre
Qu'il eût pris cette affaire ainsi qu'on lui voit prendre

ÉRASTE.

Votre bien seul m'est cher.

GÉRONTE.

Va, tu n'y perdras rien :
Quoi qu'il puisse arriver, je te ferai du bien;
Et tu ne seras pas frustré de ton attente.

SCÈNE V

GÉRONTE, ÉRASTE, LISETTE, UN LAQUAIS

GÉRONTE.

Mais quelqu'un vient ici.

UN LAQUAIS.

Monsieur, madame Argante
Et sa fille sont là.

ÉRASTE.

Je vais les amener.

(*Il sort.*)

SCÈNE VI

GÉRONTE, LISETTE, LE LAQUAIS.

GÉRONTE, *à Lisette.*

Mon chapeau, ma perruque.

LISETTE.

On va vous les donner.

Les voilà.

GÉRONTE.

Ne va pas leur parler, je te prie,

Ni de mon lavement, ni de ma léthargie.

LISETTE.

Elles ont toutes deux bon nez; dans un moment

Elles le sentiront de reste assurément.

SCÈNE VII

MADAME ARGANTE, ISABELLE, GÉRONTE, ÉRASTE, LISETTE, LE LAQUAIS.

MADAME ARGANTE.

Nous avons ce matin appris de vos nouvelles,

Qui nous ont mis pour vous en des peines mortelles :

Vous avez, ce dit-on, très-mal passé la nuit.

GÉRONTE.

Ce sont mes héritiers qui font courir ce bruit;

Ils me voudraient déjà voir dans la sépulture :
Je ne me suis jamais mieux porté, je vous jure.

ÉRASTE.

Mon oncle a le visage, ou du moins peu s'en faut,
D'un galant de trente ans.

LISETTE, *à part.*

Oui, qui mourra bientôt.

GÉRONTE.

Je serais bien malade, et plus qu'à l'agonie,
Si des yeux aussi beaux ne me rendaient la vie.

MADAME ARGANTE.

Ma fille, en ce moment, vous voyez devant vous
Celui que je vous ai destiné pour époux.

GÉRONTE.

Oui, madame, c'est vous (pour le moins je m'en flatte)
Qui guérirez mes maux mieux qu'un autre Hippocrate.
Vous êtes pour mon cœur comme un julep futur,
Qui doit le nettoyer de ce qu'il a d'impur;
Mon hymen avec vous est un sûr émétique ;
Et je vous prends enfin pour mon dernier topique.

ISABELLE.

Je ne sais pas, monsieur, pour quoi vous me prenez;
Mais ce choix m'interdit, et vous me surprenez.

MADAME ARGANTE.

Monsieur, vous épousant, vous fait un avantage
Qui doit faire oublier et ses maux et son âge;
Et vous n'aurez pas lieu de vous en repentir.

ISABELLE.

Madame, le devoir m'y fera consentir;
Mais peut-être monsieur, par cette loi sévère,
Ne trouvera-t-il pas en moi ce qu'il espère,

Je sais ce que je suis, et le peu que je vaux
Pour être, comme il dit, un remède à ses maux ;
Il se trompe bien fort, s'il prétend, sur ma mine,
Devoir trouver en moi toute la médecine.
Je connais bien mes yeux ; ils ne feront jamais
Une si belle cure et de si grands effets.

ÉRASTE.

Au pouvoir de ces yeux je rends plus de justice.

GÉRONTE.

Au feu que je ressens si l'amour est propice,
Avant qu'il soit neuf mois, sans trop me signaler,
Tous mes collatéraux auront à qui parler :
Dans le monde on saura dans peu de mes nouvelles.

LISETTE, *à part.*

Ah ! par ma foi, je crois qu'il en fera de belles.
(*Haut.*)
Si le diable vous tente et veut vous marier,
Qu'il cherche un autre objet pour vous apparier.
Je m'en rapporte à vous : madame est vive et belle,
Il lui faut un époux qui soit aussi vif qu'elle,
Bien fait et de bon air, qui n'ait pas vingt-cinq ans ;
Vous, vous êtes majeur, et depuis très-longtemps.
A votre âge, doit-on parler de mariages ?
Employez le notaire à de meilleurs usages.
C'est un bon testament, un testament, morbleu,
Bien fait, bien cimenté, qui doit vous tenir lieu
De tendresse, d'amour, de désir, de ménage,
De femme, de contrats, d'enfants, de mariage.
J'ai parlé ; je me tais.

GÉRONTE.

Vraiment, c'est fort bien fait :

Qui vous à donc si bien affilé le caquet?

LISETTE.

La raison.

GÉRONTE, *à madame Argante et à Isabelle.*

De ses airs ne soyez bien blessées;
Elle me dit parfois librement ses pensées :
Je le souffre en faveur de quelques bons talents.

LISETTE.

Je ne sais ce que c'est que de flatter les gens.

ÉRASTE.

Vous avez très-grand tort de parler de la sorte;
Je voudrais me porter comme monsieur se porte.
Il veut se marier; et n'a-t-il pas raison
D'avoir un héritier, s'il peut, de sa façon?
Quoi! refusera-t-il une aimable personne
Que son heureux destin lui réserve et lui donne?
Ah! le ciel m'est témoin, si je voudrais jamais
De sort plus glorieux pour combler mes souhaits!

ISABELLE.

Vous me conseillez donc de conclure l'affaire?

ÉRASTE.

Je crois qu'en vérité vous ne sauriez mieux faire.

ISABELLE.

Vos conseils amoureux et vos rares avis,
Puisque vous le voulez, monsieur, seront suivis.

MADAME ARGANTE.

Ma fille sait toujours obéir quand j'ordonne.

ÉRASTE.

Oui, je vous soutiens, moi, qu'une jeune personne,
Malgré sa répugnance et l'orgueil de ses sens,
Doit suivre aveuglément le choix de ses parents :

Et mon oncle, après tout, n'a pas un si grand âge
A devoir renoncer encore au mariage;
Et soixante et huit ans, est-ce un si grand déclin
Pour...

GÉRONTE.

Je ne les aurai qu'à la Saint-Jean prochain.

LISETTE.

Il a souffert le choc de deux apoplexies,
Qui ne sont, par bonheur, que deux paralysies:
Et tous les médecins qui connaissent ses maux
Ont juré Galien qu'à son retour des eaux
Il n'aurait sûrement ni goutte sciatique,
Ni gravelle, ni point, ni toux, ni néphrétique.

GÉRONTE.

Ils m'ont même assuré que, dans fort peu de temps,
Je pourrais de mon chef avoir quelques enfants.

LISETTE.

Je ne suis médecin non plus qu'apothicaire,
Et je jurerais, moi, cependant, du contraire.

GÉRONTE, *bas à Lisette.*

Lisette, le remède agit à certain point...

LISETTE.

En dussiez-vous crever, ne le témoignez point.

ÉRASTE.

Mon oncle, qu'avez-vous? vous changez de visage.

GÉRONTE.

Mon neveu, je n'y puis résister davantage.
Ah! ah!... Madame, il faut que je vous dise adieu;
Certain devoir pressant m'appelle en certain lieu.

MADAME ARGANTE.

De peur d'incommoder, nous vous cédons la place.

GÉRONTE.

Éraste, conduis-les. Excusez-moi, de grâce,
Si je ne puis rester plus longtemps avec vous:
(Il s'en va avec son laquais.)

SCÈNE VIII

MADAME ARGANTE, ISABELLE, ÉRASTE, LISETTE.

LISETTE, *à Isabelle.*

Madame, vous voyez le pouvoir de vos coups :
Un seul de vos regards, d'un mouvement facile,
Agite plus d'humeurs, détache plus de bile,
Opère plus en lui dès la première fois,
Que les médicaments qu'il prend depuis six mois.
O pouvoir de l'amour !

MADAME ERGANTE.

Adieu, je me retire.

ÉRASTE.

Madame, accordez-moi l'honneur de vous conduire.

SCÈNE IX

LISETTE.

Moi, je vais là-dedans vaquer à mon emploi ;
Le bon homme m'attend, et ne fait rien sans moi.
Pour le premier début d'une noce conclue,
Voilà, je vous l'avoue, une belle entrevue !

FIN DU PREMIER ACTE.

ACTE SECOND

SCÈNE PREMIÈRE

MADAME ARGANTE, ISABELLE, ÉRASTE.

MADAME ARGANTE.

C'est trop nous retenir, laissez-nous donc partir.

ÉRASTE.

Je ne puis vous quitter ni vous laisser sortir,
Que vous ne me flattiez d'un rayon d'espérance.

MADAME ARGANTE.

Je voudrais vous pouvoir donner la préférence.

ÉRASTE.

Quoi! vous aurez, madame, assez de cruauté
Pour conclure à mes yeux cet hymen projeté,
Après m'avoir promis la charmante Isabelle?
Pourrai-je, sans mourir, me voir séparé d'elle?

MADAME ARGANTE.

Quand je vous la promis, vous me fîtes serment
Que votre oncle, en faveur de cet engagement,
Vous ferait de ses biens donation entière :
En épousant ma fille, il offre de le faire :
Ai-je tort?

ÉRASTE, *à Isabelle.*

Vous, madame, y consentirez-vous?

ISABELLE.

Assurément, monsieur, il sera mon époux.

Et ne venez-vous pas de me dire vous-même
Qu'une fille, malgré la répugnance extrême
Qu'elle trouvait à prendre un parti présenté,
Devait de ses parents suivre la volonté?

ÉRASTE.

Et ne voyez-vous pas que, par cet artifice,
Pour rompre ses projets, je flattais son caprice?
Il est certains esprits qu'il faut prendre de biais,
Et que heurtant de front vous ne gagnez jamais.

(A madame Argante.)

Mon oncle est ainsi fait. L'intérêt peut-il faire
Que vous sacrifiiez une fille si chère?

MADAME ARGANTE.

Mais le bien qu'il lui fait...

ÉRASTE.

Donnez-moi votre foi
De rompre cet hymen, et je vous promets, moi,
De tourner aujourd'hui son esprit de manière
Que les choses iront ainsi que je l'espère,
Et qu'il fera pour moi quelque heureux testament.

MADAME ARGANTE.

S'il le fait, ma fille est à vous absolument.
Je vais d'un mot d'écrit lui mander que son âge,
Que sa frêle santé répugne au mariage;
Que je serais bientôt cause de son trépas;
Que l'affaire est rompue, et qu'il n'y pense pas.

ISABELLE.

Je me fais d'obéir une joie infinie.

ÉRASTE.

Que mon sort est heureux! qu'il est digne d'envie!
"ais Lisette s'avance, et j'entends quelque bruit.

SCÈNE II

MADAME ARGANTE, ISABELLE, ÉRASTE, LISETTE.

ÉRASTE, *à Lisette.*

Comment mon oncle est-il ?

LISETTE.

Le voilà qui me suit.

MADAME ARGANTE, *à Éraste.*

Je vous laisse avec lui ; pour moi, je me retire ;
Mais, avant de partir, je vais là-bas écrire :
Vous, de votre côté, secondez mon ardeur.

ÉRASTE.

Le prix que j'en attends vous répond de mon cœur.

SCÈNE III

ÉRASTE, LISETTE.

LISETTE.

Eh bien, vous souffrirez que votre oncle, à son âge,
Fasse devant vos yeux un si sot mariage ;
Qu'il vous frustre d'un bien que vous devez avoir !

ÉRASTE.

Hélas ! ma pauvre enfant, j'en suis au désespoir.
Mais l'affaire n'est pas encore consommée,
Et son feu pourrait bien s'en aller en fumée.
La mère, en ma faveur, change de volonté,
Et va, d'un mot d'écrit entre nous concerté,

Remercier mon oncle, et lui faire comprendre
Qu'il est un peu trop vieux pour en faire son gendre.

LISETTE.

Je veux dans le complot entrer conjointement.
Et que deviendrait donc enfin le testament,
Sur lequel nous fondons toutes nos espérances,
Et qui doit cimenter un jour nos alliances,
Et faire le bonheur d'Éraste et de Crispin?
Il faut par notre esprit faire notre destin,
Et rompre absolument l'hymen qu'il prétend faire.
J'en ai fait dire un mot à son apothicaire :
C'est un petit mutin qui doit venir tantôt,
Et qui lui lavera la tête comme il faut.
Je ne veux pas rester dans une nonchalance
Qu'il faut laisser aux sots. Mais Géronte s'avance.

SCÈNE IV

GÉRONTE, ÉRASTE, LISETTE, UN LAQUAIS.

GÉRONTE.

Ma colique m'a pris assez mal à propos ;
Je n'ai senti jamais à la fois tant de maux.
N'ont-elles point été justement irritées
De ce que je les ai si brusquement quittées?

ÉRASTE.

On sait que d'un malade on doit excuser tout.

LISETTE.

Monsieur a fait pour vous les honneurs jusqu'au bout :
Je dirai cependant qu'en entrant en matière
Vous n'avez pas là fait un beau préliminaire.

ÉRASTE.

Mon oncle fera mieux une seconde fois :
Suffit qu'en épousant il ait fait un bon choix.

GÉRONTE.

Il est vrai. Cependant j'ai quelque répugnance
De songer, à mon âge, à faire une alliance;
Mais, puisque j'ai promis...

LISETTE.

Ne vous contraignez point;
On n'est pas aujourd'hui scrupuleux sur ce point.
Monsieur acquittera la parole donnée.

GÉRONTE.

Le sort en est jeté, suivons ma destinée.
Je voudrais inventer quelque petit cadeau,
Qui coûtât peu d'argent et qui parût nouveau.

ÉRASTE.

Reposez-vous sur moi des soins de cette fête,
Des habits, du repas qu'il faut que l'on apprête :
J'ordonne sur ce point bien mieux qu'un médecin.

GÉRONTE.

Ne va pas m'embarquer dans un si grand festin.

LISETTE.

Il faut que l'abondance, avec soin répandue,
Puisse nous racquitter de votre triste vue;
Il faut entendre aussi ronfler les violons;
Et je veux avec vous danser les cotillons.

GÉRONTE.

Je valais dans mon temps mon prix tout comme un autre.

LISETTE, *à part.*

Cela fait que bien peu vous valez dans le nôtre.

SCÈNE V

UN LAQUAIS *de madame Argante*, GÉRONTE, ÉRASTE, LISETTE, LE LAQUAIS *de Géronte*.

LE LAQUAIS *de madame Argante*.

Ma maîtresse, qui sort dans ce moment d'ici,
M'a dit de vous donner le billet que voici.

GÉRONTE, *prenant le billet*.

Pour ma santé, sans doute, elles sont inquiètes.
Lisons. Va me chercher, Lisette, mes lunettes.

LISETTE.

Cela vaut-il le soin de vous tant préparer?
Donnez-moi le billet, je vais le déchiffrer.

(*Elle lit.*)

« Depuis notre entrevue, monsieur, j'ai fait réflexion sur le mariage proposé, et je trouve qu'il ne convient ni à l'un ni à l'autre : ainsi vous trouverez bon, s'il vous plaît, qu'en vous rendant votre parole, je retire la mienne, et que je sois votre très-humble et très-obéissante servante, ARGANTE.

Et plus bas, ISABELLE. »

Vous pouvez maintenant, sans que l'on vous punisse,
Vous retirer chez vous, et quitter le service;
Voilà votre congé bien signé.

GÉRONTE.

Mon neveu,
Que dis-tu de cela?

ÉRASTE.

Je m'en étonne peu.

Mais, sans vous arrêter à cet écrit frivole,
Il faut les obliger à tenir leur parole.

GÉRONTE.

Je me garderai bien de suivre ton avis,
Et d'un plaisir soudain tous mes sens sont ravis.
Je ne sais pas comment, ennemi de moi-même,
Je me précipitais dans ce péril extrême :
Un sort à cet hymen m'entraînait malgré moi,
Et point du tout l'amour.

LISETTE.

Sans jurer, je le croi.
Que diantre voulez-vous que l'amour aille faire
Dans un corps moribond, à ses feux si contraire?
Ira-t-il se loger avec des fluxions,
Des catarrhes, des toux et des obstructions?

GÉRONTE, *au laquais de madame Argante.*

Attends un peu là-bas, et que rien ne te presse;
Je vais faire à l'instant réponse à ta maîtresse.

(*Le laquais de madame Argante sort.*)

SCÈNE VI

GÉRONTE, ÉRASTE, LISETTE, LE LAQUAIS *de Géronte.*

GÉRONTE.

Voyez comme je prends promptement mon parti!
De l'hymen tout d'un coup me voilà départi.

LISETTE.

Il faut chanter, monsieur, votre nom par la ville.
Voilà ce qui s'appelle une action virile.

ÉRASTE.

C'était témérité, dans l'âge où vous voilà,
Malsain, fiévreux, goutteux, et pis que tout cela,
De prendre femme, et faire, en un jour si célèbre,
Du flambeau de l'hymen une torche funèbre.

GÉRONTE.

Mais tu louais tantôt mon dessein et mes feux.

ÉRASTE.

Tantôt vous faisiez bien, et maintenant bien mieux.

GÉRONTE.

Puisque je suis tranquille, et qu'un conseil plus sage
Me guérit des vapeurs d'amour, de mariage,
Je veux mettre ordre au bien que j'ai reçu du ciel,
Et faire en ta faveur un legs universel
Par un bon testament.

ÉRASTE.

Ah ! monsieur, je vous prie,
Épargnez cette idée à mon âme attendrie :
Je ne puis sans soupirs vous ouïr prononcer
Le mot de testament; il semble m'annoncer
Avant qu'il soit longtemps le sort qui doit le suivre,
Et le malheur auquel je ne pourrais survivre;
Je frémis quand je pense à ce moment cruel.

GÉRONTE.

Tant mieux; c'est un effet de ton bon naturel.
Je veux donc te nommer mon légataire unique.
J'ai deux parents encor pour qui le sang s'explique :
L'un est fils de ma sœur, et tu sais bien son nom.
Gentilhomme normand, assez gueux, ce dit-on;
l'autre est une veuve avec peu de richesse,
fille de mon frère, et par ainsi ma nièce,

Qui jadis dans le Maine épousa, quoique vieux,
Certain baron qui n'eut pour bien que ses aïeux.
Je veux donc, en faveur de l'amitié sincère
Qu'autrefois je portais à leur père, à leur mère,
Leur laisser à chacun vingt mille écus comptant.

LISETTE.

Vingt mille écus! le legs serait exorbitant.
Un neveu bas-normand, une nièce du Maine,
Pour acheter chez eux des procès par douzaine,
Jouiront, pour plaider, d'un bien comme cela!
Fi! c'est trop des trois quarts pour ces deux cancres-là!

GÉRONTE.

Je ne les vis jamais: ce que je puis vous dire,
C'est qu'ils se sont tous deux avisés de m'écrire
Qu'ils voulaient à Paris venir dans peu de temps,
Pour me voir, m'embrasser, et retourner contents.
Je crois que tu n'es pas fâché que je leur laisse
De quoi vivre à leur aise, et soutenir noblesse.

ÉRASTE.

N'êtes-vous pas, monsieur, maître de votre bien?
Tout ce que vous ferez, je le trouverai bien.

LISETTE.

Et moi je trouve mal cette dernière clause,
Et de tout mon pouvoir à ce legs je m'oppose.
Mais vous ne songez pas que le laquais attend.

GÉRONTE.

Je vais l'expédier, et reviens à l'instant.

LISETTE.

Avez-vous oublié qu'une paralysie
S'est, de votre bras droit, depuis un mois saisie,
Et que vous ne sauriez écrire ni signer?

GÉRONTE.

Il est vrai : mon neveu viendra m'accompagner :
Et je vais lui dicter une lettre d'un style
Qui de madame Argante échauffera la bile;
J'en suis bien assuré. Viens, Éraste : suis-moi.

ÉRASTE.

Vous obéir, monsieur, est ma suprême loi.

SCÈNE VII

LISETTE.

Nos affaires vont prendre une face nouvelle,
Et la fortune enfin nous rit et nous appelle.

SCÈNE VIII

CRISPIN, LISETTE.

LISETTE.

Ah ! te voilà, Crispin ! et d'où diantre viens-tu?

CRISPIN.

Ma foi, pour te servir, j'ai diablement couru :
Ces notaires sont gens d'approche difficile :
L'un n'était pas chez lui, l'autre était par la ville.
Je les ai déterrés où l'on m'avait instruit,
Dans un jardin, à table, en un petit réduit,
Avec dames qui m'ont paru de bonne mine.
Je crois qu'ils passaient là quelque acte à la sourdine.
Mais dans une heure au plus ils seront ici.

LISETTE.

Bon.

Sais-tu pourquoi Géronte ici les mandait ?

CRISPIN.

Non.

LISETTE.

Pour faire son contrat de mariage.

CRISPIN.

Oh ! diable !

A son âge, il voudrait nous faire un tour semblable !

LISETTE.

Pour Isabelle, un trait décoché par l'Amour
Avait, ma foi, percé son pauvre cœur à jour ;
Et, frustrant de neveux l'espérance uniforme,
Lui-même il voulait faire un héritier en forme :
Mais le ciel, par bonheur, en ordonne autrement.
Il pense maintenant à faire un testament
Où ton maître sera nommé son légataire.

CRISPIN.

Pour lui comme pour nous il ne pouvait mieux faire.
La nouvelle est trop bonne ; il faut qu'en sa faveur
Je t'embrasse et rembrasse, et, ma foi, de bon cœur ;
Et qu'un épanchement de joie et de tendresse,
En te congratulant... L'amour qui m'intéresse...
La nouvelle est charmante, et vaut seule un trésor.
Il faut, ma chère enfant, que je t'embrasse encor.

LISETTE.

Dans tes emportements sois sage et plus modeste.

CRISPIN.

Excuse si la joie emporte un peu le geste.

LISETTE.

Mais, comme en ce bas monde il n'est nuls biens parfaits,
Et que tout ne va pas au gré de nos souhaits,

Il met au testament une fâcheuse clause.

CRISPIN.

Et dis-moi, mon enfant, quelle est-elle?

LISETTE.

Il dispose

De son argent comptant quarante mille écus,
Pour deux parents lointains et qu'il n'a jamais vus.

CRISPIN.

Quarante mille écus d'argent sec et liquide!
De la succession voilà le plus solide.
C'est de l'argent comptant que je fais plus de cas.
Vous en aurez menti, cela ne sera pas,
C'est moi qui vous le dis, mon cher monsieur Géronte;
Vous avez fait sans moi trop vite votre compte.
Et qui sont ces parents?

LISETTE.

L'un est un Bas-Normand,

Gentilhomme, natif d'entre Falaise et Caen;
L'autre est une baronne et veuve sans douaire,
Qui dans le Maine fait sa demeure ordinaire,
Plaideuse s'il en fut, comme on m'a dit souvent,
Qui, de trente procès, en perd vingt-cinq par an.

CRISPIN.

C'est tirer du métier toute la quintessence.
Puisque pour les procès elle a si bonne chance,
Il faut lui faire perdre encore celui-ci.

LISETTE.

L'un et l'autre bientôt arriveront ici.
Il faut, mon cher Crispin, tirer de ta cervelle,
Comme d'un arsenal, quelque ruse nouvelle
Qui déporte Géronte à leur faire ce legs.

CRISPIN.

A-t-il vu quelquefois ces deux parents?

LISETTE.

Jamais;

Il a su seulement par une lettre écrite
Qu'ils viendront à Paris pour lui rendre visite.

CRISPIN.

Mon visage chez vous n'est-il point trop connu?

LISETTE.

Géronte, tu le sais, ne t'a presque point vu;
Et, pour te dire vrai, je suis persuadée
Qu'il n'a de ta figure encore nulle idée.

CRISPIN.

Bon. Mon maître sait-il ce dangereux projet,
L'intention de l'oncle, et le tort qu'on lui fait?

LISETTE.

Il ne le sait que trop : dans son cœur il enrage,
Et voudrait que quelqu'un détournât cet orage.

CRISPIN.

Je serai ce quelqu'un, je te le promets bien;
De la succession les parents n'auront rien :
Et je veux que Géronte à tel point les haïsse,
Qu'ils soient déshérités, de plus qu'il les maudisse,
Eux et leurs descendants à perpétuité,
Et tous les rejetons de leur postérité.

LISETTE.

Quoi! tu pourrais, Crispin...

CRISPIN.

Va, demeure tranquille;

Le prix qui m'est promis me rendra tout facile :
Car je dois t'épouser, si...

LISETTE.

D'accord... mais enfin...

CRISPIN.

Comment donc?

LISETTE.

Tu m'as l'air d'être un peu libertin.

CRISPIN.

Ne nous reprochons rien.

LISETTE.

On sait de tes fredaines.

CRISPIN.

Nous sommes but à but, ne sais-je point des tiennes?

LISETTE.

Tu dois de tous côtés, et tu devras longtemps.

CRISPIN.

J'ai cela de commun avec d'honnêtes gens.
Mais enfin sur ce point à tort tu t'inquiètes,
Le testament de l'oncle acquittera mes dettes;
Et tel n'y pense pas, qui doit payer pour moi.
Mais on vient.

LISETTE.

C'est Géronte. Adieu; fuis, sauve-toi.
Va m'attendre là-bas; dans peu j'irai t'instruire
De ce que pour ton rôle il faudra faire et dire.

CRISPIN.

Va, va, je sais déjà tout mon rôle par cœur;
Les gens d'esprit n'ont point besoin de précepteur.

SCÈNE IX

GÉRONTE, ÉRASTE, LISETTE.

GÉRONTE, *tenant une lettre.*

Je parle en cet écrit comme il faut à la mère :
Je voudrais que quelqu'un me contât la manière
Dont elle recevra mon petit compliment :
Je crois qu'elle sera surprise assurément.

ÉRASTE.

Si vous voulez, monsieur, me charger de la lettre,
Moi-même entre ses mains je promets de la mettre
Et de vous rapporter ce qu'elle m'aura dit
Et ce qu'elle aura fait en lisant votre écrit.

GÉRONTE.

Cela sera-t-il bien que toi-même on te voie...?

ÉRASTE.

Vous ne sauriez, monsieur, me donner plus de joie.

GÉRONTE.

Dis-leur de bouche encor qu'elles ne pensent pas
A renouer l'hymen dont je fais peu de cas...

ÉRASTE.

De vos intentions je sais tout le mystère.

GÉRONTE.

Que je vais à l'instant te nommer légataire,
Te donner tout mon bien.

ÉRASTE.

Je connais leur esprit;
Elles en crèveront toutes deux de dépit.
Demeurez en repos; je sais ce qu'il faut dire;

Et de notre entretien je reviens vous instruire.

SCÈNE X

GÉRONTE, LISETTE.

GÉRONTE.

Oui, depuis que j'ai pris ce généreux dessein,
Je me sens de moitié plus léger et plus sain.

LISETTE.

Vous avez fait, monsieur, ce que vous deviez faire.
Mais j'aperçois quelqu'un.

SCÈNE XI

M. CLISTOREL, GÉRONTE, LISETTE.

LISETTE.

C'est votre apothicaire,
Monsieur Clistorel.

GÉRONTE, *à Clistorel.*

Ah! Dieu vous garde en ces lieux.
Je suis, quand je vous vois, plus vif et plus joyeux.

CLISTOREL, *fâché.*

Bonjour, monsieur, bonjour.

GÉRONTE.

Si je m'y puis connaître,
Vous paraissez fâché. Quoi?

CLISTOREL.

J'ai raison de l'être.

GÉRONTE.

Qui vous a mis si fort la bile en mouvement;

CLISTOREL.

Qui me l'a mise?

GÉRONTE.

Oui.

CLISTOREL.

Vos sottises.

GÉRONTE.

Comment?

CLISTOREL.

Je viens, vraiment, d'apprendre une belle nouvelle,
Qui me réjouit fort.

GÉRONTE.

Eh! monsieur, quelle est-elle?

CLISTOREL.

N'avez-vous point de honte, à l'âge où vous voilà,
De faire extravagance égale à celle-là?

GÉRONTE.

De quoi s'agit-il donc?

CLISTOREL.

Il vous faudrait encore,
Malgré vos cheveux gris, quelques grains d'ellébore.
On m'a dit par la ville, et c'est un fait certain,
Que de vous marier vous formez le dessein.

LISETTE.

Quoi! ce n'est que cela?

CLISTOREL.

Comment donc? dans la vie
Peut-on faire jamais de plus haute folie?

GÉRONTE.

Et quand cela serait, pourquoi vous récrier,
Vous, que depuis un mois on vit remarier?

CLISTOREL.

Vraiment, c'est bien de même! Avez-vous le courage
Et la mâle vigueur requis en mariage?
Je vous trouve plaisant, et vous avez raison
De faire avecque moi quelque comparaison!
J'ai fait quatorze enfants à ma première femme,
Madame Clistorel (Dieu veuille avoir son âme);
Et si dans mes travaux la mort ne me surprend,
J'espère à la seconde en faire encore autant.

LISETTE.

Ce sera très-bien fait.

CLISTOREL.

Votre corps cacochyme
N'est point fait, croyez-moi, pour ce genre d'escrime.
J'ai lu dans Hippocrate, il n'importe en quel lieu,
Un aphorisme sûr; il n'est point de milieu:
« Tout vieillard qui prend fille alerte et trop fringante;
De son propre couteau sur ses jours il attente. »
Virgo libidinosa senem jugulat.

LISETTE.

Quoi! monsieur Clistorel, vous savez du latin!
Vous pourriez, dans un jour, vous faire médecin.

CLISTOREL.

Moi! le ciel m'en préserve! et ce sont tous des ânes,
Ou du moins les trois quarts: ils m'ont fait cent chicanes.
Au procès qu'ils nous ont sottement intenté,
Moi seul j'ai fait bouquer toute la Faculté.
Ils voulaient obliger tous les apothicaires

A faire et mettre en place eux-mêmes leurs clystères,
Et que tous nos garçons ne fussent qu'assistants.

LISETTE.

Fi donc ! ces médecins sont de plaisantes gens !

CLISTOREL.

Il m'aurait fait beau voir, avecque des lunettes,
Faire, en jeune apprenti, ces fonctions secrètes.
C'était, à soixante ans, nous mettre à l'A B C.
Voyez, pour tout un corps, quel affront c'eût été !

GÉRONTE.

Vous avez fort bien fait, dans cette procédure,
D'avoir jusques au bout soutenu la gageure.

CLISTOREL.

J'étais bien résolu, plutôt que de plier,
D'y manger ma boutique et jusqu'à mon mortier.

LISETTE.

Leur dessein, en effet, était bien ridicule.

CLISTOREL.

Je suis, quand je m'y mets, plus têtu qu'une mule.

GÉRONTE.

C'est bien fait. Ces messieurs voulaient vous offenser;
Mais que vous ai-je fait, moi, pour vous courroucer?

CLISTOREL.

Ce que vous m'avez fait? Vous voulez prendre femme
Pour crever; et moi seul j'en aurai tout le blâme.
Prendre une femme, vous ! allez, vous êtes fou.

GÉRONTE.

Monsieur...

CLISTOREL.

Il vaudrait mieux qu'on vous tordît le cou.

GÉRONTE.

Mais, monsieur...

CLISTOREL.

Prenez-moi de bonnes médecines,
Avec de bons sirops et drogues anodines,
De bon catholicon...

GÉRONTE.

Monsieur...

CLISTOREL.

De bon séné,
De bon sel polychreste extrait et raffiné...

GÉRONTE.

Monsieur, un petit mot.

CLISTOREL.

De bon tartre émétique,
Quelque bon lavement fort et diurétique;
Voilà ce qu'il vous faut; mais une femme!...

GÉRONTE.

Mais...

CLISTOREL.

Ma boutique pour vous est fermée à jamais...
S'il lui fallait...

LISETTE.

Monsieur...

CLISTOREL.

Dans un péril extrême,
Le moindre lénitif ou le moindre apozème,
Une goutte de miel ou de décoction...
Je le verrais crever comme un vieux mousqueton.
O le beau jouvenceau pour entrer en ménage!

LISETTE.

Mais, monsieur Clistorel...

CLISTOREL.

Le plaisant mariage !
Le beau petit mignon !

LISETTE.

Monsieur, écoutez-nous.

CLISTOREL.

Non, non ; je ne veux plus de commerce avec vous.
Serviteur, serviteur.

SCÈNE XII

GÉRONTE, LISETTE.

LISETTE.

Que le diable t'emporte !
Non, je ne vis jamais animal de la sorte ;
A le bien mesurer, il n'est pas, que je crois,
Plus haut que sa seringue, et glapit comme trois.
Ces petits avortons ont tous l'humeur mutine.

GERONTE.

Il ne reviendra plus ; son départ me chagrine.

LISETTE.

Pour un, vous en aurez mille tout à la fois.
Un de mes bons amis, dont il faut faire choix,
Qui s'est fait depuis peu passer apothicaire,
M'a promis qu'à bon prix il ferait votre affaire,
Et qu'il aurait pour vous quelque sirop à part,
Casse, séné, rhubarbe, et le tout de hasard,
Qui fera plus d'effet et de meilleur ouvrage
Que ce qu'on vous vendait quatre fois davantage.

GÉRONTE.

Fais-le-moi donc venir.

LISETTE.

Je n'y manquerai pas.

GÉRONTE.

Allons nous reposer. Lisette, suis mes pas.
Ce monsieur Clistorel m'a tout ému la bile.

LISETTE.

Souvenez-vous toujours, quand vous serez tranquille,
Dans votre testament de me faire du bien.

GÉRONTE, *bas, à part.*

Je t'en ferai, pourvu qu'il ne m'en coûte rien.

FIN DU SECOND ACTE.

ACTE TROISIÈME

SCÈNE PREMIÈRE

GÉRONTE, LISETTE.

GÉRONTE.

Éraste ne vient point me rendre de réponse.
Qu'est-ce que ce délai me prédit et m'annonce?

LISETTE.

Et pourquoi, s'il vous plaît, vous inquiéter tant?
Suffit que vous devez être de vous content :
Vous n'avez jamais fait rien de plus héroïque
Que de rompre un hymen aussi tragi-comique.

GÉRONTE.

Je suis content de moi dans cette occasion,
Et monsieur Clistorel a fort bonne raison.
C'était la pierre au cou, la tête la première,
M'aller précipiter au fond de la rivière.

LISETTE.

Bon! c'était cent fois pis encor que tout cela.
Mais enfin tout va bien.

SCÈNE II

CRISPIN, *en gentilhomme campagnard*; GÉRONTE, LISETTE.

CRISPIN, *dehors, heurtant.*

Holà! quelqu'un, holà!
Tout est-il mort ici, laquais, valet, servante?
J'ai beau heurter, crier; aucun ne se présente.
Le diable puisse-t-il emporter la maison!

LISETTE.

Eh! qui diantre chez nous heurte de la façon?
(Elle ouvre.)
Que voulez-vous, monsieur? quel démon vous agite?
Vient-on chez un malade ainsi rendre visite?
(Bas.)
Dieu me pardonne! c'est Crispin; c'est lui, ma foi!

CRISPIN, *bas, à Lisette.*

Tu ne te trompes pas, ma chère enfant, c'est moi.
(Haut.)
Bonjour, bonjour, la fille. On m'a dit par la ville
Qu'un Géronte en ce lieu tenait son domicile;
Pourrait-on lui parler?

LISETTE.

Pourquoi non? le voilà.

CRISPIN, *lui secouant le bras.*

Parbleu, j'en suis bien aise. Ah! monsieur, touchez là.
Je suis votre valet, ou le diable m'emporte.
Touchez là derechef. Le plaisir me transporte
Au point que je ne puis assez vous le montrer.

GÉRONTE.

Cet homme assurément prétend me démembrer.

CRISPIN.

Vous paraissez surpris autant qu'on le peut être.
Je vois que vous avez peine à me reconnaître;
Mes traits vous sont nouveaux; savez-vous bien pourquoi?
C'est que vous ne m'avez jamais vu.

GÉRONTE.

Je le croi.

CRISPIN.

Mais feu monsieur mon père, Alexandre Choupille,
Gentilhomme normand, prit pour femme une fille
Qui fut, à ce qu'on dit, votre sœur autrefois,
Et qui me mit au jour au bout de quatre mois.
Mon père se fâcha de cette diligence;
Mais un ami sensé lui dit en confidence
Qu'il est vrai que ma mère, en faisant ses enfants,
N'observait pas encore assez l'ordre des temps;
Mais qu'aux femmes l'erreur n'était pas inouïe,
Et qu'elles ne manquaient qu'à la chronologie.

GÉRONTE.

A la chronologie?

LISETTE.

Une femme, en effet,
Ne peut pas calculer comme un homme aurait fait.

CRISPIN.

Or donc cette femelle, à concevoir si prompte,
Qu'à tout considérer quelquefois j'en ai honte,
En me mettant au jour, soit disgrâce ou faveur,
M'a fait votre neveu, puisqu'elle est votre sœur.

GÉRONTE.

Apprenez, mon neveu, si par hasard vous l'êtes,
Que vous êtes un sot, aux discours que vous faites;
Ma sœur fut sage: et nul ne peut lui reprocher
Que jamais sur l'honneur on l'ait pu voir broncher.

CRISPIN.

Je le crois; cependant, tant qu'elle fut vivante,
On tient que sa vertu fut un peu chancelante.
Quoi qu'il en soit enfin, légitime ou bâtard,
Soit qu'on m'ait mis au monde ou trop tôt ou trop tard,
Je suis votre neveu, quoi qu'en dise l'envie,
De plus votre héritier, venant de Normandie
Exprès pour recueillir votre succession.

GÉRONTE.

C'est bien fait, et je loue assez l'intention.
Quand vous en allez-vous?

CRISPIN.

Voudriez-vous me suivre?
Cela dépend du temps que vous avez à vivre.
Mon oncle, soyez sûr que je ne partirai
Qu'après vous avoir vu bien cloué, bien muré,
Dans quatre ais de sapin reposer à votre aise.

LISETTE, *bas, à Géronte.*

Vous avez un neveu, monsieur, ne vous déplaise,
Qui dit ses sentiments en pleine liberté.

GÉRONTE, *bas, à Lisette.*

A te dire le vrai, j'en suis épouvanté.

CRISPIN.

Je suis persuadé, de l'humeur dont vous êtes,
Que la succession sera des plus complètes,
Que je vais manier de l'or à pleine main;

Car vous êtes, dit-on, un avare, un vilain.
Je sais que, pour un sou, d'une ardeur héroïque,
Vous vous feriez fesser dans la place publique.
Vous avez, dit-on même, acquis en plus d'un lieu
Le titre d'usurier et de fesse-mathieu.

GÉRONTE.

Savez-vous, mon neveu, qui tenez ce langage,
Que, si de mes deux bras j'avais encor l'usage,
Je vous ferais sortir par la fenêtre.

CRISPIN.

Moi?

GÉRONTE.

Oui, vous; et dans l'instant sortez.

CRISPIN.

Ah! par ma foi,
Je vous trouve plaisant de parler de la sorte!
C'est à vous de sortir et de passer la porte.
La maison m'appartient : ce que je puis souffrir,
C'est de vous y laisser encor vivre et mourir.

LISETTE.

Ah ciel! quel garnement!

GÉRONTE, *bas.*

Où suis-je?

CRISPIN.

Allons, ma mie,
Au bel appartement mène-moi, je te prie.
Est-il voisin du tien? Je te trouve à mon gré;
Et nous pourrons, la nuit, converser de plain-pied.
Bonne chère, grand feu; que la cave enfoncée
Nous fournisse à pleins brocs de liqueur aisée;
Fais main basse sur tout : le bonhomme a bon dos;

Et l'on peut hardiment le ronger jusqu'aux os.
Mon oncle, pour ce soir, il me faut, je vous prie,
Cent louis neufs comptant, en avance d'hoirie;
Sinon demain matin, si vous le trouvez bon,
Je mettrai de ma main le feu dans la maison.

GÉRONTE, *à part.*

Grands dieux! vit-on jamais insolence semblable?

LISETTE, *bas, à Géronte.*

Ce n'est pas un neveu, monsieur, mais c'est un diable.
Pour le faire sortir employez la douceur.

GÉRONTE.

Mon neveu, c'est à tort qu'avec tant de hauteur
Vous venez tourmenter un oncle à l'agonie:
En repos laissez-moi finir ma triste vie,
Et vous hériterez au jour de mon trépas.

CRISPIN.

D'accord. Mais quand viendra ce jour?

GÉRONTE.

A chaque pas
L'impitoyable mort s'obstine à me poursuivre;
Et je n'ai, tout au plus, que quatre jours à vivre.

CRISPIN.

Je vous en donne six; mais après, ventrebleu!
N'allez pas me manquer de parole; ou dans peu
Je vous fais enterrer mort ou vif. Je vous laisse:
Mon oncle, encore un coup, tenez votre promesse,
Ou je tiendrai la mienne.

SCÈNE III

GÉRONTE, LISETTE.

LISETTE.

Ah ! quel homme voilà !
Quel neveu vos parents vous ont-ils donné là ?

GÉRONTE.

Ce n'est point mon neveu ; ma sœur était trop sage
Pour élever son fils dans un air si sauvage ;
C'est un fieffé brutal, un homme des plus fous.

LISETTE.

Cependant, à le voir, il a quelque air de vous :
Dans ses yeux, dans ses traits, un je ne sais quoi brille ;
Enfin on s'aperçoit qu'il tient de la famille.

GÉRONTE.

Par ma foi, s'il en tient, il lui fait peu d'honneur.
Ah ! le vilain parent !

LISETTE.

Et vous auriez le cœur
De laisser votre bien, une si belle somme,
Vingt mille écus comptant, à ce beau gentilhomme !

GÉRONTE.

Moi, lui laisser mon bien ! j'aimerais mieux cent fois
L'enterrer pour jamais.

LISETTE.

Ma foi, je m'aperçois
Que monsieur le neveu, si j'en crois mon présage,
N'aura pas trop gagné d'avoir fait son voyage ;
Et que le pauvre diable, arrivé d'aujourd'hui,

Aurait aussi bien fait de demeurer chez lui.

GÉRONTE.

Si c'est sur mon bien seul qu'il fonde sa cuisine,
Je t'assure déjà qu'il mourra de famine,
Et qu'il n'aura pas lieu de rire à mes dépens.

LISETTE.

C'est fort bien fait : il faut apprendre à vivre aux gens.
Voilà comme sont faits tous ces neveux avides,
Qui ne peuvent cacher leurs naturels perfides :
Quand ils n'assomment pas un oncle assez âgé,
Ils prétendent encor qu'il leur est obligé.
Mais Éraste revient; et nous allons apprendre
Comment tout s'est passé.

SCÈNE IV

ÉRASTE, GÉRONTE, LISETTE.

GÉRONTE.

Tu te fais bien attendre !
Tu m'as abandonné dans un grand embarras.
Un malheureux neveu m'est tombé sur les bras.

ÉRASTE.

Il vient de m'accoster là-bas tout hors d'haleine,
Et m'a dit en deux mots le sujet qui l'amène.

GÉRONTE.

Que dis-tu de ses airs?

ÉRASTE.

Je les trouve étonnants.
Il peste, il jure, il veut mettre le feu céans.

GÉRONTE.

J'aurais bien eu besoin ici de ta présence
Pour réprimer l'excès de son impertinence.
Lisette en est témoin.

LISETTE.

Ah ! le mauvais pendard,
A qui monsieur voulait de son bien faire part !

GÉRONTE.

J'ai bien changé d'avis : je te donne parole
Qu'il n'aura de mon bien jamais la moindre obole.

ÉRASTE.

Je me suis acquitté de ma commission,
Et tout s'est fait au gré de votre intention.
Votre lettre a produit un effet qui m'enchante.
On a montré d'abord une âme indifférente :
D'un faux air de mépris voulant couvrir leur jeu,
Elles me paraissaient s'en soucier fort peu ;
Mais quand je leur ai dit que vous vouliez me faire
Aujourd'hui de vos biens unique légataire,
Car vous m'avez prescrit de parler sur ce ton...

GÉRONTE.

Oui, je te l'ai promis ; c'est mon intention.

ÉRASTE.

Elles ont toutes deux témoigné des surprises
Dont elles ne seront de six mois bien remises.

GÉRONTE.

J'en suis persuadé.

ÉRASTE.

Mais écoutez ceci,
Qui doit bien vous surprendre, et m'a surpris aussi.
C'est que madame Argante, aimant votre famille,

M'a proposé tout franc de me donner sa fille,
Et d'acquitter ainsi, par un commun égard,
La parole donnée et d'une et d'autre part.

GÉRONTE.

Et qu'as-tu su répondre à ces belles pensées?

ÉRASTE.

Que je ne voulais point aller sur vos brisées,
Sans avoir sur ce point su votre sentiment,
Et de plus obtenu votre consentement.

GÉRONTE.

Ne t'embarrasse point encor de mariage.
Que mon exemple ici serve à te rendre sage.

LISETTE.

Moi, j'approuverais fort cet hymen et ce choix;
Il est tel qu'il le faut, et j'y donne ma voix.
Il convient à monsieur de suivre cette envie,
Non à vous, qui devez renoncer à la vie.

GÉRONTE.

A la vie! et pourquoi? Suis-je mort, s'il vous plaît?

LISETTE.

Je ne sais pas, monsieur, au vrai ce qu'il en est;
Mais tout le monde croit, à votre air triste et sombre,
Qu'errant près du tombeau, vous n'êtes plus qu'une ombre,
Et que, pour des raisons qui vous font différer,
Vous ne vous êtes pas encor fait enterrer.

GÉRONTE.

Avec de tels discours et ton air d'insolence,
Tu pourrais, à la fin, lasser ma patience.

LISETTE.

Je ne sais point, monsieur, farder la vérité,
Et dis ce que je pense avecque liberté.

SCÈNE V

GÉRONTE, ÉRASTE, LISETTE, LE LAQUAIS.

LE LAQUAIS.

Une dame, là-bas, monsieur, avec sa suite,
Qui porte le grand deuil, vient vous rendre visite,
Et se dit votre nièce.

GÉRONTE.

Encore des parents!

LE LAQUAIS.

La ferai-je monter?

GÉRONTE.

Non, je te le défends.

LISETTE.

Gardez-vous bien, monsieur, d'en user de la sorte,
Et vous ne devez pas lui refuser la porte.
(*Au laquais.*)
Va-t'en la faire entrer.

SCÈNE VI

GÉRONTE, ÉRASTE, LISETTE.

LISETTE, *à Géronte.*

Contraignez-vous un peu;
La nièce aura l'esprit mieux fait que le neveu.
Entre tant de parents, ce serait bien le diable
S'il ne s'en trouvait pas quelqu'un de raisonnable.

SCÈNE VII

CRISPIN, *en veuve, un petit dragon lui portant la queue*; GÉRONTE, ÉRASTE, LISETTE, LE LAQUAIS *de Géronte.*

CRISPIN *fait des révérences au laquais de Géronte, qui lui ouvre la porte. Le petit dragon sort.*
(*A Géronte.*)
Permettez, s'il vous plaît, que cet embrassement
Vous témoigne ma joie et mon ravissement.
Je vois un oncle, enfin, mais un oncle que j'aime,
Et que j'honore aussi cent fois plus que moi-même.

LISETTE, *bas, à Eraste.*
Monsieur, c'est là Crispin.

ÉRASTE, *bas, à Lisette.*
C'est lui, je le sais bien;
Nous avons eu là-bas un moment d'entretien.

GÉRONTE, *à Éraste.*
Elle a de la douceur et de la politesse.
Qu'on donne promptement un fauteuil à ma nièce.

CRISPIN, *au laquais de Géronte.*
Ne bougez, s'il vous plaît; le respect m'interdit...
(*A Géronte, avec le ton du respect.*)
Un fauteuil près mon oncle! un tabouret suffit.
(*Le laquais donne un tabouret à Crispin.*)

GÉRONTE.
Je suis assez content déjà de la parente.

ÉRASTE.
Elle sait vraiment vivre, et sa taille est charmante.
(*Le laquais donne un fauteuil à Géronte, une chaise à Éraste, un tabouret à Lisette, et sort.*)

SCÈNE VIII

GÉRONTE, CRISPIN, *en veuve*; ÉRASTE, LISETTE.

CRISPIN.

Fi donc! vous vous moquez; je suis à faire peur.
Je n'avais autrefois que cela de grosseur :
Mais vous savez l'effet d'un fécond mariage,
Et ce que c'est d'avoir des enfants en bas âge;
Cela gâte la taille, et furieusement.

LISETTE.

Vous passeriez encor pour fille assurément.

CRISPIN.

J'ai fait du mariage une assez triste épreuve;
A vingt ans mon mari m'a laissé mère et veuve.
Vous vous doutez assez qu'après ce prompt trépas,
Et faite comme on est, ayant quelques appas,
On aurait pu trouver à convoler de reste;
Mais du pauvre défunt la mémoire funeste
M'oblige à dévorer en secret mes ennuis.
J'ai bien de fâcheux jours, et de plus dures nuits :
Mais d'un veuvage affreux les tristes insomnies
Ne m'arracheront point de noires perfidies;
Et je veux chez les morts emporter, si je peux,
Un cœur qui ne brûla que de ses premiers feux.

ÉRASTE.

On ne poussa jamais plus loin la foi promise :
Voilà des sentiments dignes d'une Artémise.

GÉRONTE, *à Crispin*.

Votre époux, vous laissant mère et veuve à vingt ans,

Ne vous a pas laissé, je crois, beaucoup d'enfants.

CRISPIN.

Rien que neuf; mais, le cœur tout gonflé d'amertume,
Deux ans encore après j'accouchai d'un posthume.

LISETTE.

Deux ans après! voyez quelle fidélité!
On ne le croira pas dans la postérité.

GÉRONTE, *à Crispin.*

Peut-on vous demander, sans vous faire de peine,
Quel sujet si pressant vous fait quitter le Maine?

CRISPIN.

Le désir de vous voir est mon premier objet;
De plus, certain procès qu'on m'a sottement fait,
Pour certain four banal sis en mon territoire.
Je propose d'abord un bon déclinatoire;
On passe outre : je forme empêchement formel;
Et, sans nuire à mon droit, j'anticipe l'appel.
La cause est au bailliage ainsi revendiquée :
On plaide; et je me trouve enfin interloquée.

LISETTE.

nterloquée! ah ciel! quel affront est-ce là!
Et vous avez souffert qu'on vous interloquât!
Une femme d'honneur se voir interloquée!

ÉRASTE.

Pourquoi donc de ce terme être si fort piquée?
C'est un mot du barreau.

LISETTE.

C'est ce qu'il vous plaira;
Mais juge de ses jours ne m'interloquera :
Le mot est immodeste, et le terme me choque;
Et je ne veux jamais souffrir qu'on m'interloque.

GÉRONTE, *à Crispin.*

Elle est folle, et souvent il lui prend des accès...
Elle ne parle pas si bien que vous procès.

CRISPIN.

Ce procès n'est pas seul le sujet qui m'amène,
Et qui m'a fait quitter si brusquement le Maine.
Ayant appris, monsieur, par gens dignes de foi,
Qui m'ont fait un récit de vous, et que je crois,
Que vous étiez un homme atteint de plus d'un vice,
Un ivrogne, un joueur...

ÉRASTE.

Comment donc? quel caprice!

CRISPIN.

Qui hantiez certains lieux et le jour et la nuit,
Où l'honnêteté souffre et la pudeur gémit...

GÉRONTE.

Est-ce à moi, s'il vous plaît, que ce discours s'adresse?

CRISPIN.

Oui, mon oncle, à vous même. A-t-il rien qui vous blesse?
Puisqu'il est copié d'après la vérité?

GÉRONTE, *à part.*

Je ne sais où j'en suis.

CRISPIN.

On m'a même ajouté
Que, depuis très-longtemps avec mademoiselle,
Vous meniez une vie indigne et criminelle,
Et que vous en aviez déjà plusieurs enfants.

LISETTE.

Avec moi, juste ciel! voyez les médisants!
De quoi se mêlent-ils? est-ce là leur affaire?

GÉRONTE.

Je ne sais qui retient l'effet de ma colère.

CRISPIN.

Ainsi, sur le rapport de mille honnêtes gens,
Nous avons fait, monsieur, assembler vos parents;
Et, pour vous empêcher, dans ce désordre extrême,
De manger notre bien, et vous perdre vous-même,
Nous avons résolu, d'une commune voix,
De vous faire interdire, en observant les lois.

GÉRONTE.

Moi, me faire interdire!

LISETTE.

Ah ciel! quelle famille!

CRISPIN.

Nous savons votre vie avecque cette fille,
Et voulons empêcher qu'il ne vous soit permis
De faire un mariage un jour *in extremis*.

GÉRONTE, *se levant*.

Sortez d'ici, madame, et que de votre vie
D'y remettre le pied il ne vous prenne envie;
Sortez d'ici, vous dis-je, et sans vous arrêter...

CRISPIN.

Comment! battre une veuve et la violenter!
Au secours! aux voisins! au meurtre! on m'assassine!

GÉRONTE.

Voilà, je vous l'avoue, une grande coquine.

CRISPIN.

Quoi! contre votre sang vous osez blasphémer!
Cela peut bien aller à vous faire enfermer.

LISETTE.

ire enfermer monsieur!

CRISPIN.

Ne faites point la fière:
On peut aussi vous mettre à la Salpêtrière.

LISETTE.

A la Salpêtrière!

CRISPIN.

Oui, ma mie, et sans bruit.
De vos déportements on n'est que trop instruit.

ÉRASTE.

Il faut développer le fond de ce mystère.
Que l'on m'aille à l'instant chercher un commissaire.

CRISPIN.

Un commissaire, à moi! suis je donc, s'il vous plaît,
Gibier à commissaire?

ÉRASTE.

On verra ce que c'est,
Et dans peu nous saurons, avec un tel tumulte,
Si l'on vient chez les gens ainsi leur faire insulte.
Vous, mon oncle, rentrez dans votre appartement,
Je vous rendrai raison de tout dans un moment.

GÉRONTE.

Ouf! ce jour-ci sera le dernier de ma vie.

LISETTE, *à Crispin.*

Misérable! tu mets un oncle à l'agonie!
La mauvaise famille et du Maine et de Caen!
Oui, tous ces parents-là méritent le carcan.

SCÈNE IX

ERASTE, CRISPIN.

ÉRASTE.

Est-il bien vrai, Crispin? et ton ardeur sincère...

CRISPIN.

Envoyez donc, monsieur, chercher un commissaire ;
Je l'attends de pied ferme.

ÉRASTE.

Ah! juste ciel! c'est toi.
Je ne me trompe point.

CRISPIN.

Oui, ventrebleu! c'est moi.
Vous venez de me faire une rude algarade.

ÉRASTE.

Ta pudeur a souffert d'une telle incartade.

CRISPIN.

L'ardeur de vous servir m'a donné cet habit,
Et, comme vous voyez, mon projet réussit.
Avec de certains mots j'ai conjuré l'orage :
Ici des deux parents j'ai fait le personnage,
Et j'ai dit, en leur nom, de telles duretés,
Qu'ils seront, par ma foi, tous deux déshérités.

ÉRASTE.

Quoi!...

CRISPIN.

Si vous m'aviez vu tantôt faire merveille,
En noble campagnard, le plumet sur l'oreille,
Avec un feutre gris, longue brette au côté,

Mon air de Bas-Normand vous aurait enchanté.
Mais il faut dire vrai; cette coiffe m'inspire
Plus d'intrépidité que je ne puis vous dire :
Avec cet attirail j'ai vingt fois moins de peur;
L'adresse et l'artifice ont passé dans mon cœur.
Qu'on a, sous cet habit, et d'esprit et de ruse!

ÉRASTE.

Enfin de ses neveux l'oncle se désabuse;
Il fait un testament qui doit combler mes vœux.
Est-il dans l'univers un mortel plus heureux?

SCÈNE X

ÉRASTE, CRISPIN, LISETTE.

LISETTE.

Ah! monsieur! apprenez un accident terrible;
Monsieur Géronte est mort.

ÉRASTE.

Ah ciel! est-il possible?

CRISPIN.

Quoi! l'oncle de monsieur serait défunt?

LISETTE.

Hélas!
Il ne vaut guère mieux, tant le pauvre homme est bas!
Arrivant dans sa chambre, et se traînant à peine,
Il s'est mis sur son lit, sans force et sans haleine;
Et, raidissant les bras, la suffocation
A tout d'un coup coupé la respiration;
Enfin il est tombé, malgré mon assistance,
Sans voix, sans sentiment, sans pouls, sans connaissance.

ÉRASTE.

Je suis au désespoir. C'est ce dernier transport,
Où tu l'as mis, Crispin, qui causera sa mort.

CRISPIN.

Moi, monsieur ! de sa mort je ne suis point la cause ;
Et le défunt, tout franc, a fort mal pris la chose.
Pourquoi se saisit-il si fort pour des discours ?
J'en voulais à son bien, et non pas à ses jours.

ÉRASTE.

Ne désespérons point encore de sa vie ;
Il tombe assez souvent dans une léthargie
Qui ressemble au trépas, et nous alarme fort.

LISETTE.

Ah, monsieur ! pour le coup il est à moitié mort ;
Et moi, qui m'y connais, je dis qu'il faut qu'il meure,
Et qu'il ne peut jamais aller encore une heure.

ÉRASTE.

Ah, juste ciel ! Crispin, quel triste événement !
Mon oncle mourra donc sans faire un testament ;
Et je serai frustré, par cette mort cruelle,
De l'espoir d'obtenir la charmante Isabelle !
Fortune, je sens bien l'effet de ton courroux.

LISETTE.

C'est à moi de pleurer, et je perds plus que vous.

CRISPIN.

Allons, mes chers enfants, il faut agir de tête,
Et présenter un front digne de la tempête :
Il n'est pas temps ici de répandre des pleurs ;
Faisons voir un courage au-dessus des malheurs.

ÉRASTE.

nous sert le courage ? et que pouvons-nous faire ?

CRISPIN.

Il faut premièrement, d'une ardeur salutaire,
Courir au coffre-fort, sonder les cabinets,
Démeubler la maison, s'emparer des effets.
Lisette, quelque temps, tiens ta bouche cousue,
Si tu peux ; va fermer la porte de la rue :
Empare-toi des clefs, de peur d'invasion.

LISETTE.

Personne n'entrera sans ma permission.

CRISPIN.

Que l'ardeur du butin et d'un riche pillage
N'emporte pas trop loin votre bouillant courage !
Surtout dans l'action gardons le jugement.
Le sort conspire en vain contre le testament :
Plutôt que tant de bien passe en des mains profanes,
De Géronte défunt j'évoquerai les mânes ;
Et vous aurez pour vous, parmi les envieux,
Et Lisette, et Crispin, et l'enfer, et les dieux.

FIN DU TROISIÈME ACTE.

ACTE QUATRIÈME

SCÈNE PREMIÈRE

ERASTE, CRISPIN.

ÉRASTE, *tenant le portefeuille de Géronte.*

Ah! mon pauvre Crispin, je perds toute espérance:
Mon oncle ne saurait reprendre connaissance;
L'art et les médecins sont ici superflus;
Le pauvre homme n'a pas à vivre une heure au plus.
Le legs universel qu'il prétendait me faire,
Comme tu vois, Crispin, ne m'enrichira guère.

CRISPIN.

Lisette et moi, monsieur, pour finir nos projets,
Nous comptions bien aussi sur quelque petit legs.

ÉRASTE.

Quoiqu'un cruel destin, à nos désirs contraire,
Épuise contre nous les traits de sa colère,
Nos soins ne seront pas infructueux et vains:
Quarante mille écus, que je tiens dans mes mains,
Triste et fatal débris d'un malheureux naufrage,
Seront mis, si je veux, à l'abri de l'orage.
Voilà tous bons billets que j'ai trouvés sur lui.

CRISPIN, *voulant prendre les billets.*

Souffrez que je partage avec vous votre ennui:
Ce petit lénitif, en attendant le reste,
Pourra nous consoler d'un coup aussi funeste.

ÉRASTE.

Il est vrai, cher Crispin : mais enfin tu sais bien
Que cela ne fait pas presque le quart du bien
Qu'en la succession mes soins pouvaient prétendre,
Et que le testament me donnait lieu d'attendre;
Des maisons à Paris, des terres, des contrats,
Offraient bien à mon cœur de plus charmants appas :
Non que l'ardeur du gain et la soif des richesses
Me fissent ressentir leurs indignes faiblesses ;
C'est d'un plus noble feu que mon cœur est épris.
Je devais épouser Isabelle à ce prix :
Ce n'est qu'avec ce bien, qu'avec ces avantages,
Que je puis de sa mère obtenir les suffrages :
Faute de testament, je perds, et pour toujours,
Un bien dont dépendait le bonheur de mes jours.

CRISPIN.

J'entre dans vos raisons, elles sont très-plausibles ;
Mais ce sont de ces coups imprévus et terribles
Dont tout l'esprit humain demeure confondu,
Et qui mettent à bout la plus mâle vertu.
Pour marquer au vieillard sa dernière demeure,
O mort ! tu devais bien attendre encore une heure ;
Tu nous aurais tous mis dans un parfait repos,
Et le tout se serait passé bien à propos.

ÉRASTE.

Faudra-t-il qu'un espoir fondé sur la justice
En stériles regrets passe et s'évanouisse ?
Ne saurais-tu, Crispin, parer ce coup fatal,
Et trouver promptement un remède à mon mal ?
Tantôt tu méditais un héroïque ouvrage :
C'est dans les grands dangers qu'on voit un grand co

CRISPIN.

Oui, je croyais tantôt réparer cet échec :
Mais à présent j'échoue, et je demeure à sec ;
Un autre en pareil cas serait aussi stérile.
S'il fallait, par hasard, d'un coup de main habile,
Soustraire, escamoter sans bruit un testament
Où vous seriez traité peu favorablement,
Peut-être je pourrais, par quelque coup d'adresse,
Exercer mon talent et montrer ma prouesse ;
Mais en faire trouver alors qu'il n'en est point,
Le diable avec sa clique, et réduit en ce point,
Fort inutilement s'y casserait la tête ;
Et cependant, monsieur, le diable n'est pas bête.

ÉRASTE.

Tu veux donc me confondre et me désespérer?

SCÈNE II

LISETTE, ÉRASTE, CRISPIN.

LISETTE, *à Éraste.*

Les notaires, monsienr, viennent là-bas d'entrer ;
Je les ai mis tous deux dans cette salle basse ;
Voyez ; que voulez-vous, s'il vous plaît, qu'on en fasse?

ÉRASTE.

Je vois à tous momonts croître mon embarras.
Fais-en, ma pauvre enfant, tout ce que tu voudras.
Savent-ils que mon oncle a perdu connaissance,
Et qu'il ne peut parler?

LISETTE.

Non, pas encor, je pense.

ÉRASTE.

Crispin...

CRISPIN.

Monsieur?

ÉRASTE.

Hélas!

CRISPIN.

Hélas!

ÉRASTE.

Juste ciel!

CRISPIN.

Ha!

ÉRASTE.

Que ferons-nous, dis-moi?

CRISPIN.

Tout ce qu'il vous plaira.

ÉRASTE.

Quoi! les renverrons-nous?

CRISPIN.

Eh! qu'en voulez-vous faire?
Qu'en pouvons-nous tirer qui nous soit salutaire?

LISETTE.

Je vais donc leur marquer qu'ils n'ont qu'à s'en aller?

ÉRASTE, *arrêtant Lisette.*

Attends encore un peu. Je me sens accabler.
Crispin, tu vas me voir expirer à ta vue.

CRISPIN.

Je vous suivrai de près, et la douleur me tue.

LISETTE.

Moi, je n'irai pas loin. Faut-il nous voir tous trois
Comme d'un coup de foudre écraser à la fois?

CRISPIN.

Attendez... Il me vient... Le dessein est bizarre;
Il pourrait par hasard... J'entrevois... Je m'égare,
Et je ne vois plus rien que par confusion.

LISETTE.

Peste soit l'animal avec sa vision!

ÉRASTE.

Fais-nous part du dessein que ton cœur se propose.

LISETTE.

Allons, mon cher Crispin, tâche à voir quelque chose.

CRISPIN.

Laisse-moi donc rêver... Oui-da... Non... Si, pourtant...
Pourquoi non?... On pourrait...

LISETTE.

Ne rêve donc point tant;
Les notaires là-bas sont dans l'impatience:
Tout ici ne dépend que de la diligence.

CRISPIN.

Il est vrai; mais enfin j'accouche d'un dessein
Qui passera l'effort de tout esprit humain.
Toi, qui parais dans tout si légère et si vive,
Exerce à ce sujet ton imaginative;
Voyons ton bel esprit.

LISETTE.

Je t'en laisse l'emploi.
Qui peut en fourberie être si fort que toi?
L'amour doit ranimer ton adresse passée.

CRISPIN.

Paix... Silence... Il me vient un surcroît de pensée.
Je suis, ventrebleu!

LISETTE.

Bon.

CRISPIN.

Dans un fauteuil assis...

LISETTE.

Fort bien.

CRISPIN.

Ne troublez pas l'enthousiasme où je suis.
Un grand bonnet fourré jusque sur les oreilles,
Les volets bien fermés...

LISETTE.

C'est penser à merveilles.

CRISPIN.

Oui, monsieur, dans ce jour, au gré de vos souhaits,
Vous serez légataire, et je vous le promets.
Allons, Lisette, allons, ranimons notre zèle;
L'amour à ce projet nous guide et nous appelle.
Va de l'oncle défunt nous chercher quelque habit;
Sa robe de malade et son bonnet de nuit:
Les dépouilles du mort feront notre victoire.

LISETTE.

Je veux en élever un trophée à ta gloire:
Et je cours te servir. Je reviens sur mes pas.

SCÈNE III

ÉRASTE, CRISPIN.

ÉRASTE.

Tu m'arraches, Crispin, des portes du trépas.
Si ton dessein succède au gré de notre envie,

Je veux te rendre heureux le reste de ta vie.
Je serais légataire, et par même moyen
J'épouserais l'objet qui fait seul tout mon bien !
Ah ! Crispin !

CRISPIN.

Cependant une terreur secrète
S'empare de mes sens, m'alarme et m'inquiète :
Si la justice vient à connaître du fait,
Elle est un peu brutale, et saisit au collet.
Il faut faire un faux seing ; et ma main alarmée
Se refuse au projet dont mon âme est charmée.

ÉRASTE.

Ton trouble est mal fondé : depuis deux ou trois mois
Géronte ne pouvait se servir de ses doigts :
Ainsi sa signature, ailleurs si nécessaire,
N'est point, comme tu vois, requise en cette affaire ;
Et tu déclareras que tu ne peux signer.

CRISPIN.

A de bonnes raisons je me laisse gagner ;
Et je sens tout à coup renaître en mon courage
L'ardeur dont j'ai besoin pour un si grand ouvrage.

SCÈNE IV

LISETTE, *apportant les hardes de Géronte* ; ÉRASTE, CRISPIN.

LISETTE, *jetant le paquet*.

bonhomme Géronte, en gros comme en détail,
me tu l'as requis, voilà tout l'attirail.

CRISPIN, *se déshabillant.*

Ne perdons point de temps; que l'on m'habille en hâte.
Monsieur, mettez la main, s'il vous plaît, à la pâte :
La robe; dépêchons, passez-la dans mes bras.
Ah! le mauvais valet! Chaussez chacun un bas.
Çà, le mouchoir de cou. Mets-moi vite ce casque.
Les pantoufles. Fort bien. L'équipage est fantasque.

LISETTE.

Oui, voilà le défunt; dissipons notre ennui :
Géronte n'est point mort, puisqu'il revit en lui;
Voilà son air, ses traits; et l'on doit s'y méprendre.

CRISPIN.

Mais, avec son habit, si son mal m'allait prendre?

ÉRASTE.

Ne crains rien, arme-toi de résolution.

CRISPIN.

Ma foi, déjà je sens un peu d'émotion :
Je ne sais si la peur est un peu laxative,
Ou si cet habit est de vertu purgative.

LISETTE.

Je veux te mettre encor ce vieux manteau fourré
Dont au jour de remède il était entouré.

CRISPIN.

Tu peux quand tu voudras appeler les notaires;
Me voilà maintenant en habits mortuaires.

LISETTE.

Je vais dans un moment les amener ici.

CRISPIN.

Secondez-moi bien tous dans cette affaire-ci.

SCÈNE V

ÉRASTE, CRISPIN.

CRISPIN.

Vous, monsieur, s'il vous plaît, fermez porte et fenêtre;
Un éclat indiscret peut me faire connaître.
Avancez cette table. Approchez ce fauteuil.
Ce jour mal condamné me blesse encore l'œil.
Tirez bien les rideaux, que rien ne nous trahisse.

ÉRASTE.

Fasse un heureux destin réussir l'artifice!
Si j'ose me porter à cette extrémité,
Malgré moi j'obéis à la nécessité.
J'entends du bruit.

CRISPIN, *se jetant brusquement sur un fauteuil.*

Songeons à la cérémonie,
Et ne me quittez pas, monsieur, à l'agonie.

ÉRASTE.

Un dieu dont le pouvoir sert d'excuse aux amants
Saura me disculper de ces emportements.

SCÈNE VI

LISETTE, M. SCRUPULE, M. GASPARD, ÉRASTE, CRISPIN.

LISETTE, *aux notaires.*

(A Crispin.)

Entrez, messieurs, entrez. Voilà les deux notaires
Avec qui vous pouvez mettre ordre à vos affaires.

CRISPIN, *aux notaires.*

Messieurs, je suis ravi, quoique à l'extrémité,
De vous voir tous les deux en parfaite santé.
Je voudrais bien encore être à l'âge où vous êtes;
Et, si je me portais aussi bien que vous faites,
Je ne songerais guère à faire un testament.

M. SCRUPULE.

Cela ne vous doit point chagriner un moment:
Rien n'est désespéré : cette cérémonie
Jamais d'un testateur n'a raccourci la vie;
Au contraire, monsieur, la consolation
D'avoir fait de ses biens la distribution
Répand au fond du cœur un repos sympathique,
Certaine quiétude et douce et balsamique,
Qui, se communiquant après dans tous les sens,
Rétablit la santé dans quantité de gens.

CRISPIN.

Que le ciel veuille donc me traiter de la sorte!
(*A Lisette.*)
Messieurs, asseyez-vous. Toi, va fermer la porte.

M. GASPARD.

D'ordinaire, monsieur, nous apportons nos soins
Que ces actes secrets se passent sans témoins.
Il serait à propos que monsieur prît la peine
D'aller avec madame en la chambre prochaine.

LISETTE.

Moi, je ne puis quitter monsieur un seul moment.

ÉRASTE.

Mon oncle sur ce point dira son sentiment.

CRISPIN.

Ces personnes, messieurs, sont sages et discrètes:

Je puis leur confier mes volontés secrètes,
Et leur montrer l'excès de mon affection.

M. SCRUPULE.

Nous ferons tout au gré de votre intention.
L'intitulé sera tel que l'on doit le faire,
Et l'on le réduira dans le style ordinaire.

(*Il dicte à M. Gaspard, qui écrit.*)

Par-devant... fut présent... Géronte... *et cætera.*
(*A Géronte*).
Dites-nous maintenant tout ce qu'il vous plaira.

CRISPIN.

Je veux premièrement qu'on acquitte mes dettes.

ÉRASTE.

Nous n'en trouverons pas, je crois, beaucoup de faites.

CRISPIN.

Je dois quatre cents francs à mon marchand de vin,
Un fripon qui demeure au cabaret voisin.

M. SCRUPULE.

Fort bien. Où voulez-vous, monsieur, qu'on vous enterre?

CRISPIN.

A dire vrai, messieurs, il ne m'importe guère.
Qu'on se garde surtout de me mettre trop près
De quelque procureur chicaneur et mauvais;
Il ne manquerait pas de me faire querelle;
Ce serait tous les jours procédure nouvelle,
Et je serais encor contraint de déguerpir.

ÉRASTE.

Tout se fera, monsieur, selon votre désir.
J'aurai soin du convoi, de la pompe funèbre.
Et n'épargnerai rien pour la rendre célèbre.

CRISPIN.

Non, mon neveu: je veux que mon enterrement
Se fasse à peu de frais et fort modestement.
Il fait trop cher mourir, ce serait conscience :
Jamais de mon vivant je n'aimai la dépense :
Je puis être enterré fort bien pour un écu.

LISETTE, *à part.*

Le pauvre malheureux meurt comme il a vécu.

M. GASPARD.

C'est à vous maintenant, s'il vous platt, de nous dire
Les legs qu'au testament vous voulez faire écrire.

CRISPIN.

C'est à quoi nous allons nous employer dans peu.
Je nomme, j'institue Éraste, mon neveu,
Que j'aime tendrement, pour mon seul légataire,
Unique, universel.

ÉRASTE, *affectant de pleurer.*

O douleur trop amère !

CRISPIN.

Lui laissant tout mon bien, meubles, propres, acquêts
Vaisselle, argent comptant, contrats, maisons, billets;
Déshéritant, en tant que besoin pourrait être,
Parents, nièces, neveux, nés aussi bien qu'à naître ;
Et même tous bâtards, à qui Dieu fasse paix;
S'il s'en trouvait aucuns au jour de mon décès.

LISETTE, *affectant de la douleur.*

Ce discours me fend l'âme. Hélas ! mon pauvre maître !
Il faudra donc vous voir pour jamais disparaître !

ÉRASTE, *de même.*

Les biens que vous m'offrez n'ont pour moi nul appas
S'il faut les acheter avec votre trépas.

CRISPIN.

Item. Je donne et lègue à Lisette présente...

LISETTE, *de même.*

Ah !

CRISPIN.

Qui depuis cinq ans me tient lieu de servante,
Pour épouser Crispin en légitime nœud,
Non autrement...

LISETTE, *tombant comme évanouie.*

Ah ! ah !

CRISPIN.

Soutiens-la, mon neveu.
Et, pour récompenser l'affection, le zèle
Que de tout temps pour moi je reconnus en elle...

LISETTE, *affectant de pleurer.*

Le bon maître, grands dieux, que je vais perdre là !

CRISPIN.

Deux mille écus comptant en espèce.

LISETTE, *de même.*

Ah ! ah ! ah !

ÉRASTE, *à part.*

Deux mille écus ! Je crois que le pendard se moque.

LISETTE, *de même.*

Je n'y puis résister, la douleur me suffoque.
Je crois que j'en mourrai.

CRISPIN.

Lesquels deux mille écus
Du plus clair de mon bien seront pris et perçus.

LISETTE, *à Crispin.*

Le ciel vous fasse paix d'avoir de moi mémoire,
Et vous paye au centuple une œuvre méritoire !

(*A part.*)
Il avait bien promis de ne pas m'oublier.

ÉRASTE, *bas.*

Le fripon m'a joué d'un tour de son métier.
(*Haut, à Crispin.*)
Je crois que voilà tout ce que vous voulez dire.

CRISPIN.

J'ai trois ou quatre mots encore à faire écrire.
Item. Je laisse et lègue à Crispin...

ÉRASTE, *bas.*

A Crispin !
Je crois qu'il perd l'esprit. Quel est donc son dessein ?

CRISPIN.

Pour les bons et loyaux services...

ÉRASTE, *bas.*

Ah ! le traître !

CRISPIN.

Qu'il a toujours rendus et doit rendre à son maître...

ÉRASTE.

Vous ne connaissez pas, mon oncle, ce Crispin ;
C'est un mauvais valet, ivrogne, libertin,
Méritant peu le bien que vous voulez lui faire,

CRISPIN.

Je suis persuadé, mon neveu, du contraire ;
Je connais ce Crispin mille fois mieux que vous :
Je lui veux donc léguer, en dépit des jaloux...

ÉRASTE, *à part.*

Le chien !

CRISPIN.

Quinze cents francs de rentes viagères,
Pour avoir souvenir de moi dans ses prières.

ÉRASTE, *à part.*

Ah! quelle trahison!

CRISPIN.

Trouvez-vous, mon neveu,
Le présent malhonnête, et que ce soit trop peu?

ÉRASTE.

Comment! quinze cents francs!

CRISPIN.

Oui; sans laquelle clause
Le présent testament sera nul, et pour cause.

ÉRASTE.

Pour un valet, mon oncle, a-t-on fait un tel legs?
Vous n'y pensez donc pas?

CRISPIN.

Je sais ce que je fais:
Et je n'ai point l'esprit si faible et si débile.

ÉRASTE.

Mais...

CRISPIN.

Si vous me fâchez, j'en laisserai deux mille.

ÉRASTE.

Si...

LISETTE, *bas, à Éraste.*

Ne l'obstinez pas; je connais son esprit;
Il le ferait, monsieur, tout comme il vous le dit.

ÉRASTE, *bas, à Lisette.*

Soit, je ne dirai mot; cependant, de ma vie,
Je n'aurai de parler une si juste envie.

CRISPIN.

N'aurais-je point encor quelqu'un de mes amis
A qui je pourrais faire un fidéicommis?

ÉRASTE, *bas.*

Le scélérat encor rit de ma retenue :
Il ne me laissera plus rien, s'il continue.

M. SCRUPULE, *à Crispin.*

Est-ce fait ?

CRISPIN.

Oui, monsieur.

ÉRASTE, *à part.*

Le ciel en soit béni !

M. GASPARD.

Voilà le testament heureusement fini :
(*A Crispin.*)
Vous plaît-il de signer ?

CRISPIN.

J'en aurais grande envie ;
Mais j'en suis empêché par la paralysie
Qui depuis quelques mois me tient sur le bras droit.

M. GASPARD, *écrivant.*

Et ledit testateur déclare en cet endroit
Que de signer son nom il est dans l'impuissance,
De ce l'interpellant au gré de l'ordonnance.

CRISPIN.

Qu'un testament à faire est un pesant fardeau !
M'en voilà délivré ; mais je suis tout en eau.

M. SCRUPULE, *à Crispin.*

Vous n'avez plus besoin de notre ministère ?

CRISPIN, *à M. Scrupule.*

Laissez-moi, s'il vous plaît, l'acte qu'on vient de faire.

M. SCRUPULE.

Nous ne pouvons, monsieur ; cet acte est un dépôt
Qui reste dans nos mains ; je reviendrai tantôt,

Pour vous en apporter moi-même une copie.

ÉRASTE.

Vous nous ferez plaisir ; mon oncle vous en prie,
Et veut récompenser votre peine et vos soins.

M. GASPARD.

C'est maintenant, monsieur, ce qui presse le moins.

CRISPIN.

Lisette, conduis-les.

SCÈNE VII

ÉRASTE, CRISPIN.

CRISPIN, *remettant en place la table et les chaises.*

Ai-je tenu parole?
Et, dans l'occasion, sais-je jouer mon rôle,
Et faire un testament?

ÉRASTE.

Trop bien pour ton profit.
Dis-moi donc, malheureux, as-tu perdu l'esprit,
De faire un testament qui m'est si dommageable?
De laisser à Lisette une somme semblable?

CRISPIN.

Ma foi, ce n'est pas trop.

ÉRASTE.

Deux mille écus comptant!

CRISPIN.

Il faut, en pareil cas, que chacun soit content.
Pouvais-je moins laisser à cette pauvre fille?

ÉRASTE.

Comment donc? traître!

CRISPIN.

Elle est un peu de la famille :
Votre oncle, si l'on croit le lardon scandaleux,
N'a pas été toujours impotent et goutteux :
Et j'ai dû lui laisser un peu de subsistance
Pour l'acquit de son âme et de ma conscience.

ÉRASTE.

Et de ta conscience ! Et ces quinze cents francs
De pension à toi payables tous les ans,
Que tu t'es fait léguer avec tant de prudence,
Est-ce encor pour l'acquit de cette conscience ?

CRISPIN.

Il ne faut point, monsieur, s'estomaquer si fort ;
On peut, en un moment, nous mettre tous d'accord.
Puisque le testament que nous venons de faire,
Où je vous institue unique légataire,
Ne peut avoir l'honneur d'obtenir votre aveu,
Il faut le déchirer et le jeter au feu.

ÉRASTE.

M'en préserve le ciel !

CRISPIN.

Sans former d'entreprise,
Laissons la chose au point où votre oncle l'a mise.

ÉRASTE.

Ce serait cent fois pis ; j'en mourrais de douleur.

CRISPIN.

Il s'élève aussi bien dans le fond de mon cœur
Certain remords cuisant, certaine syndérèse,
Qui furieusement sur l'estomac me pèse.

ÉRASTE.

Rentrons, Crispin ; je tremble, et sois persuadé

Que nous allons trouver mon oncle décédé,
Ou que, dans ce moment, pour le moins il expire.

CRISPIN.

Hélas ! il était temps, ma foi, de faire écrire.

ÉRASTE.

Le laurier dont tu viens de couronner ton front
Ne peut avoir un prix ni trop grand ni trop prompt.

CRISPIN.

Il faut donc, s'il vous plaît, m'avancer une année
De cette pension que je me suis donnée :
Vous ne sauriez me faire un plus charmant plaisir.

ÉRASTE.

C'est ce que nous verrons avec plus de loisir.

SCÈNE VIII

LISETTE, ÉRASTE, CRISPIN.

LISETTE, *se jetant dans le fauteuil.*

Miséricorde ! ah ciel ! je me meurs ; je suis morte.

ÉRASTE, *à Lisette.*

Qu'as-tu donc, mon enfant, à crier de la sorte ?

LISETTE.

J'étouffe. Ouf, ouf ! la peur m'empêche de parler.

CRISPIN, *à Lisette.*

Quel vertigo soudain a donc pu te troubler ?
Parle donc, si tu veux...

LISETTE.

Géronte...

CRISPIN.

Eh bien, Géronte...?

LISETTE, *se levant brusquement.*

Ah ! prenez garde à moi.

CRISPIN.

Veux-tu finir ton conte ?

LISETTE.

Un grand fantôme noir...

ÉRASTE.

Comment donc ? que dis-tu ?

LISETTE.

Hélas ! mon cher monsieur, je dis ce que j'ai vu.
Après avoir conduit ces messieurs dans la rue,
Où la mort du bonhomme est déjà répandue,
Où même le crieur a voulu, malgré moi,
Faire entrer avec lui l'attirail d'un convoi,
De la chambre où gisait votre oncle sans escorte,
Il m'a semblé d'abord entendre ouvrir la porte :
Et, montant l'escalier, j'ai trouvé nez pour nez,
Comme un grand revenant, Géronte sur ses pieds.

CRISPIN.

De la crainte d'un mort ton âme possédée
T'abuse et te fait voir un fantôme en idée.

LISETTE.

C'est lui, vous dis-je, il parle...

(Elle se retourne, voit Crispin, qu'elle prend pour Géronte, se lève et se sauve dans un coin en poussant un cri d'effroi.)

CRISPIN.

Et pourquoi ce grand cri ?

LISETTE.

Excuse, mon enfant ; je te prenais pour lui.
Enfin, criant, courant, sans détourner la vue,

Essoufflée et tremblante, ici je suis venue
Vous dire que le mal de votre oncle, en ces lieux,
N'est qu'une léthargie, et qu'il n'en est que mieux.

ÉRASTE.

Avec quelle constance, au branle de sa roue,
La fortune ennemie et me berce et me joue !

LISETTE.

O trop flatteur espoir ! projets si bien conçus,
Et mieux exécutés, qu'êtes-vous devenus ?

CRISPIN.

Voilà donc le défunt que le sort nous renvoie !
Et l'avare Achéron lâche encore sa proie !
Vous le voulez, grands dieux ! ma constance est à bout.
Je ne sais où j'en suis, et j'abandonne tout.

ÉRASTE.

Toi, que j'ai vu tantôt si grand, si magnanime,
Un seul revers te rend faible et pusillanime !
Reprends des sentiments qui soient dignes de toi :
Offrons-nous aux dangers ; viens signaler ta *foi* ;
Quelque coup de hasard nous tirera d'affaire.

CRISPIN.

Allons-nous abuser encor quelque notaire ?

ÉRASTE.

Je vais, sans perdre temps, remettre ces billets
Dans les mains d'Isabelle ; ils feront leurs effets,
Et nous en tirerons peut-être un avantage
Qui pourrait bien servir à notre mariage.
Vous, rentrez chez mon oncle, et prenez bien le soin
D'appeler le secours dont il aura besoin.
Pour retourner plus tôt, je pars en diligence,
Et viens vous rassurer ici par ma présence.

SCÈNE IX

LISETTE, CRISPIN.

CRISPIN.

Ne me voilà pas mal avec mon testament !
Je vois ma pension payée en un moment.

LISETTE.

Et mes deux mille écus pour prix de mon service !

CRISPIN.

Juste ciel ! sauve-moi des mains de la justice.
Tout ceci ne vaut rien et m'inquiète fort :
Je crains bien d'avoir fait mon testament de mort.

FIN DU QUATRIÈME ACTE.

ACTE CINQUIÈME

SCÈNE PREMIÈRE

MADAME ARGANTE, ISABELLE, ÉRASTE.

MADAME ARGANTE, *à Éraste.*

Quel est votre dessein? et que voulez-vous faire?
Puis-je de ces billets être dépositaire?
On me soupçonnerait d'avoir prêté les mains
A faire réussir en secret vos desseins.
Maintenant que votre oncle a pu, malgré son âge,
Reprendre de ses sens heureusement l'usage,
Le parti le meilleur, sans user de délais,
Est de lui reporter vous-même ces billets.

ÉRASTE.

Ce n'est pas d'aujourd'hui que je connais, madame,
Les nobles sentiments qui règnent dans votre âme:
Nous ne prétendons point, vous ni moi, retenir
Un bien qui ne nous peut encore appartenir.
Mais gardez ces billets quelques moments, de grâce;
Le ciel m'inspirera ce qu'il faut que je fasse.
Je le prends à témoin, si, dans ce que j'ai fait,
L'amour n'a pas été mon principal objet.
Hélas! pour mériter la charmante Isabelle,
J'ai peut-être un peu trop fait éclater mon zèle:
Mais on pardonnera ces transports amoureux;

(*A Isabelle.*)

Mon excuse, madame, est écrite en vos yeux.

ISABELLE, *à Éraste.*

Puisque pour notre hymen j'ai l'aveu de ma mère,
Je puis faire paraître un sentiment sincère.
Les biens dont vous pouvez hériter chaque jour
N'ont point du tout pour vous déterminé l'amour :
Votre personne seule est le bien qui me flatte ;
Et tous les vains brillants dont la fortune éclate
Ne sauraient éblouir un cœur comme le mien.

ÉRASTE.

Si je l'obtiens, ce cœur, non, je ne veux plus rien.

MADAME ARGANTE.

Tous ces beaux sentiments sont fort bons dans un livre ;
L'amour seul, quel qu'il soit, ne donne point à vivre ;
Et je vous apprends, moi, que l'on ne s'aime bien,
Quand on est marié, qu'autant qu'on a du bien.

ÉRASTE.

Mon oncle maintenant, par sa convalescence,
Fait revivre en mon cœur la joie et l'espérance ;
Et je vais l'exciter à faire un testament.

MADAME ARGANTE.

Mais ne craignez-vous rien de son ressentiment ?
Ces billets détournés ne peuvent-ils point faire
Qu'il prenne à vos désirs un sentiment contraire ?

ÉRASTE.

Et voilà la raison qui me fait hasarder
A vouloir quelque temps encore les garder.
Pour revoir ce dépôt rentrer en sa puissance,
Il accordera tout sans trop de résistance.
Il faut, mademoiselle, en ce péril offert,

Être un peu dans ce jour avec nous de concert.
Voilà tous bons billets qu'il faut, s'il vous plaît, prendre.

ISABELLE.

Moi !

ÉRASTE.

N'en rougissez point; ce n'est que pour les rendre.

ISABELLE.

Mais je ne sais, monsieur, en cette occasion,
Si je dois accepter cette commission.
De ces billets surpris on me croira complice :
En restitutions je suis encor novice.

ÉRASTE.

Mais j'entends quelque bruit.

SCÈNE II

CRISPIN, MADAME ARGANTE, ISABELLE, ÉRASTE.

ÉRASTE.

C'est Crispin que je voi.

(*A Crispin.*)
A qui donc en as-tu? te voilà hors de toi.

CRISPIN.

Allons, monsieur, allons, en homme de courage,
Il faut ici, ma foi, soutenir l'abordage :
Monsieur Géronte approche.

ÉRASTE.

Oh ciel !

(*A madame Argante et à Isabelle.*)

En ce moment,

Souffrez que je vous mène à mon appartement.
J'ai de la peine encore à m'offrir à sa vue :
Laissons évaporer un peu sa bile émue ;
Et quand il sera temps, tous unanimement,
Nous viendrons travailler ensemble au dénoûment.
(*À Crispin.*)
Pour toi, reste ici ; vois l'humeur dont il peut être ;
Et tu m'informeras s'il est temps de paraître.

SCÈNE III

CRISPIN.

Nous voilà, grâce au ciel, dans un grand embarras.
Dieu veuille nous tirer d'un aussi mauvais pas !

SCÈNE IV

GÉRONTE, CRISPIN, LISETTE.

GÉRONTE, *appuyé sur Lisette.*
Je ne puis revenir encor de ma faiblesse :
Je ne sais où je suis, l'éclat du jour me blesse ;
Et mon faible cerveau, de ce choc ébranlé,
Par de sombres vapeurs est encor tout troublé.
Ai-je été bien longtemps dans cette léthargie ?

LISETTE.
Pas tant que nous croyions ; mais votre maladie
Nous a tous mis ici dans un dérangement,
Une agitation, un soin, un mouvement,
Qu'il n'est pas bien aisé, dans le fond, de décrire :

Demandez à Crispin ; il pourra vous le dire.

CRISPIN.

Si vous saviez, monsieur, ce que nous avons fait,
Lorsque de votre mal vous ressentiez l'effet,
La peine que j'ai prise, et les soins nécessaires
Pour pouvoir comme vous mettre ordre à vos affaires,
Vous seriez étonné, mais d'un étonnement
A n'en pas revenir sitôt, assurément.

GÉRONTE.

Où donc est mon neveu ? son absence m'ennuie.

CRISPIN.

Ah ! le pauvre garçon, je crois, n'est plus en vie.

GÉRONTE.

Que dis-tu là ? Comment ?

CRISPIN.

Il s'est saisi si fort,
Quand il a vu vos yeux tourner droit à la mort,
Que, n'écoutant plus rien que sa douleur amère,
Il s'est allé jeter...

GÉRONTE.

Où donc ? Dans la rivière ?

CRISPIN.

Non, monsieur, sur son lit, où, baigné de ses pleurs,
L'infortuné garçon gémit de ses malheurs.

GÉRONTE.

Va donc lui redonner et le calme et la joie,
Et dis-lui de ma part que le ciel lui renvoie
Un oncle toujours plein de tendresse pour lui,
Qui connaît son bon cœur, et qui veut aujourd'hui
Lui montrer des effets de sa reconnaissance.

CRISPIN.

S'il n'est pas encor mort, en toute diligence
Je vous l'amène ici.

SCÈNE V

GÉRONTE, LISETTE.

GÉRONTE.

Mais, à ce que je vois,
J'ai donc, Lisette, été plus mal que je ne crois ?

LISETTE.

Nous vous avons cru mort pendant une heure entière.

GÉRONTE.

Il faut donc expliquer ma volonté dernière,
Et, sans perdre de temps, faire mon testament.
Les notaires sont-ils venus ?

LISETTE.

Assurément.

GÉRONTE.

Qu'on aille de nouveau les chercher, et leur dire
Que dans le même instant je veux les faire écrire.

LISETTE.

Ils reviendront dans peu.

SCÈNE VI

ÉRASTE, GÉRONTE, CRISPIN, LISETTE.

CRISPIN, *à Éraste.*

Le ciel vous l'a rendu.

ÉRASTE.

Hélas ! à ce bonheur me serais-je attendu ?
Je revois mon cher oncle ; et le ciel, par sa grâce,
Sensible à mes douleurs, permet que je l'embrasse !
Après l'avoir cru mort, il paraît à mes yeux !

GÉRONTE.

Hélas ! mon cher neveu, je n'en suis guère mieux :
Mais je rends grâce au ciel de prolonger ma vie,
Pour pouvoir maintenant exécuter l'envie
De te donner mon bien par un bon testament.

LISETTE.

Ce garçon-là, monsieur, vous aime tendrement.
Si vous aviez pu voir les syncopes, les crises,
Dont par la sympathie il sentait les reprises,
Il vous aurait percé le cœur de part en part.

CRISPIN.

Nous en avons tous trois eu notre bonne part.

LISETTE.

Enfin, le ciel a pris pitié de nos misères.

SCÈNE VII

M. SCRUPULE, GÉRONTE, ÉRASTE, LISETTE, CRISPIN.

LISETTE.

(*Bas, à Crispin.*)

Mais j'aperçois quelqu'un. C'est un des deux notaires.

GÉRONTE.

Bonjour, monsieur Scrupule.

CRISPIN, *à part.*

Ah ! me voilà perdu.

GÉRONTE.

Ici depuis longtemps vous êtes attendu.

M. SCRUPULE.

Certes, je suis ravi, monsieur, qu'en moins d'une heure
Vous jouissiez déjà d'une santé meilleure.
Je savais bien qu'ayant fait votre testament,
Vous sentiriez bientôt quelque soulagement.
Le corps se porte mieux lorsque l'esprit se trouve
Dans un parfait repos.

GÉRONTE.

Tous les jours je l'éprouve.

M. SCRUPULE.

Voici donc le papier que, selon vos desseins,
Je vous avais promis de remettre en vos mains.

GÉRONTE.

Quel papier, s'il vous plaît ? Pour quoi, pour quelle affaire ?

M. SCRUPULE.

C'est votre testament que vous venez de faire.

GÉRONTE.

J'ai fait mon testament ?

M. SCRUPULE.

Oui, sans doute, monsieur.

LISETTE, *bas.*

Crispin, le cœur me bat.

CRISPIN, *bas.*

Je frissonne de peur.

GÉRONTE.

Eh ! parbleu, vous rêvez, monsieur : c'est pour le faire
Que j'ai besoin ici de votre ministère.

M. SCRUPULE.

Je ne rêve, monsieur, en aucune façon ;
Vous nous l'avez dicté, plein de sens et raison.
Le repentir sitôt saisirait-il votre âme ?
Monsieur était présent, aussi bien que madame :
Ils peuvent là-dessus dire ce qu'ils ont vu.

ÉRASTE, *bas.*

Que dire ?

LISETTE, *bas.*

Juste ciel !

CRISPIN, *bas.*

Me voilà confondu.

GÉRONTE.

Éraste était présent ?

M. SCRUPULE.

Oui, monsieur, je vous jure !

Est-il vrai, mon neveu ? Parle, je t'en conjure.

ÉRASTE.

Ah ! ne me parlez pas, monsieur, de testament,
C'est m'arracher le cœur trop tyranniquement.

GÉRONTE.

Lisette, parle donc.

LISETTE.

Crispin, parle en ma place ;
Je sens dans mon gosier que ma voix s'embarrasse.

CRISPIN, *à Géronte.*

Je pourrais là-dessus vous rendre satisfait :
Nul ne sait mieux que moi la vérité du fait.

GÉRONTE.

J'ai fait mon testament !

CRISPIN.

On ne peut pas vous dire
Qu'on vous l'ait vu tantôt absolument écrire;
Mais je suis très-certain qu'aux lieux où vous voilà,
Un homme, à peu près mis comme vous êtes là,
Assis dans un fauteuil, auprès de deux notaires,
A dicté mot à mot ses volontés dernières.
Je n'assurerai pas que ce fût vous : pourquoi?
C'est qu'on peut se tromper; mais c'était vous ou moi.

M. SCRUPULE, *à Géronte.*

Rien n'est plus véritable; et vous pouvez m'en croire.

GÉRONTE.

Il faut donc que mon mal m'ait ôté la mémoire,
Et c'est ma léthargie.

CRISPIN.

Oui, c'est elle, en effet.

LISETTE.

N'en doutez nullement; et, pour prouver le fait,
Ne vous souvient-il pas que, pour certaine affaire,
Vous m'avez dit tantôt d'aller chez le notaire?

GÉRONTE.

Oui.

LISETTE.

Qu'il est arrivé dans votre cabinet;
Qu'il a pris aussitôt sa plume et son cornet;
Et que vous lui dictiez à votre fantaisie...?

GÉRONTE.

Je ne m'en souviens point.

LISETTE.

C'est votre léthargie.

CRISPIN.

Ne vous souvient-il pas, monsieur, bien nettement,
Qu'il est venu tantôt certain neveu normand,
Et certaine baronne, avec un grand tumulte
Et des airs insolents, chez vous vous faire insulte?...

GÉRONTE.

Oui.

CRISPIN.

Que, pour vous venger de leur emportement,
Vous m'avez promis place en votre testament,
Ou quelque bonne rente au moins pendant ma vie?

GÉRONTE.

Je ne m'en souviens point.

CRISPIN.

C'est votre léthargie.

GÉRONTE.

Je crois qu'ils ont raison, et mon mal est réel.

LISETTE.

Ne vous souvient-il pas que monsieur Clistorel...?

ÉRASTE.

Pourquoi tant répéter cet interrogatoire?
Monsieur convient de tout, du tort de sa mémoire,
Du notaire mandé, du testament écrit.

GÉRONTE.

Il faut bien qu'il soit vrai, puisque chacun le dit :
Mais voyons donc enfin ce que j'ai fait écrire.

CRISPIN, *à part*.

Ah! voilà bien le diable.

M. SCRUPULE.

Il faut donc vous le lire.
« Fut présent devant nous, dont les noms sont au bas,

Maître Matthieu Géronte, en son fauteuil à bras,
Étant en son bon sens, comme on a pu connaître
Par le geste et maintien qu'il nous a fait paraître;
Quoique de corps malade, ayant sain jugement;
Lequel, après avoir réfléchi mûrement
Que tout est ici-bas fragile et transitoire... »

CRISPIN.

Ah! quel cœur de rocher et quelle âme assez noire
Ne se fendrait en quatre en entendant ces mots?

LISETTE.

Hélas! je ne saurais arrêter mes sanglots.

GÉRONTE.

En les voyant pleurer mon âme est attendrie.
La, la, consolez-vous; je suis encore en vie.

M. SCRUPULE, *continuant de lire.*

« Considérant que rien ne reste en même état,
Ne voulant pas aussi décéder intestat... »

CRISPIN.

Intestat!...

LISETTE.

Intestat!... ce mot me perce l'âme,

M. SCRUPULE.

Faites trêve un moment à vos soupirs, madame.
« Considérant que rien ne reste en même état,
Ne voulant pas aussi décéder intestat... »

CRISPIN.

Intestat!...

LISETTE.

Intestat!...

M. SCRUPULE.

Mais laissez-moi donc lire:

Si vous pleurez toujours, je ne pourrai rien dire.
« A fait, dicté, nommé, rédigé par écrit,
Son susdit testament en la forme qui suit. »

GÉRONTE.

De tout ce préambule, et de cette légende,
S'il m'en souvient d'un mot, je veux bien qu'on me pende.

LISETTE.

C'est votre léthargie.

CRISPIN.

Ah ! je vous en répond.
Ce que c'est que de nous ! moi, cela me confond.

M. SCRUPULE, *lisant.*

« Je veux, premièrement qu'on acquitte mes dettes.

GÉRONTE.

Je ne dois rien.

M. SCRUPULE.

Voici l'aveu que vous en faites.
« Je dois quatre cents francs à mon marchand de vin,
Un fripon qui demeure au cabaret voisin. »

GÉRONTE.

Je dois quatre cents francs ! c'est une fourberie.

CRISPIN, *à Géronte.*

Excusez-moi, monsieur, c'est votre léthargie.
Je ne sais pas au vrai si vous les lui devez,
Mais il me les a, lui, mille fois demandés.

GÉRONTE.

C'est un maraud qu'il faut envoyer en galère.

CRISPIN.

Quand ils y seraient tous, on ne les plaindrait guère.

M. SCRUPULE, *lisant.*

« Je fais mon légataire unique, universel,

Éraste, mon neveu. »

ÉRASTE.

Se peut-il?... Juste ciel!

M. SCRUPULE, *lisant.*

« Déshéritant, en tant que besoin pourrait être,
Parents, nièces, neveux, nés aussi bien qu'à naître,
Et même tous bâtards, à qui Dieu fasse paix,
S'il s'en trouvait aucuns au jour de mon décès. »

GÉRONTE.

Comment? moi, des bâtards!

CRISPIN, *à Géronte.*

C'est style de notaire.

GÉRONTE.

Oui, je voulais nommer Éraste légataire.
A cet article-là, je vois présentement
Que j'ai bien pu dicter le présent testament.

M. SCRUPULE, *lisant.*

« *Item.* Je donne et lègue, en espèce sonnante,
A Lisette... »

LISETTE.

Ah! grands dieux!

M. SCRUPULE, *lisant.*

« Qui me sert de servante,
Pour épouser Crispin en légitime nœud,
Deux mille écus. »

CRISPIN, *à Géronte.*

Monsieur... en vérité... pour peu...
Non... jamais... car enfin... ma bouche... quand j'y pense...
Je me sens suffoquer par la reconnaissance.
(*A Lisette.*)
Parle donc...

LISETTE, *embrassant Géronte.*

Ah ! monsieur...

GÉRONTE.

Qu'est-ce à dire cela ?
Je ne suis point l'auteur de ces sottises-là.
Deux mille écus comptant !

LISETTE.

Quoi ! déjà, je vous prie,
Vous repentiriez-vous d'avoir fait œuvre pie ?
Une fille nubile, exposée au malheur,
Qui veut faire une fin en tout bien, tout honneur,
Lui refuseriez-vous cette petite grâce ?

GÉRONTE.

Comment ! six mille francs ! quinze ou vingt écus, passe.

LISETTE.

Les maris, aujourd'hui, monsieur, sont si courus !
Et que peut-on, hélas ! avoir pour vingt écus ?

GÉRONTE.

On a ce que l'on peut, entendez-vous, m'amie ?
(*Au notaire.*)
Il en est à tous prix. Achevez, je vous prie.

M. SCRUPULE.

« *Item.* Je donne et lègue... »

CRISPIN, *à part.*

Ah ! c'est mon tour enfin,
Et l'on va me jeter...

M. SCRUPULE.

« A Crispin... »
(*Crispin se fait petit.*)

GÉRONTE, *regardant Crispin.*

A Crispin !

M. SCRUPULE, *lisant.*

« Pour tous les obligeants, bons et loyaux services
Qu'il rend à mon neveu dans divers exercices,
Et qu'il peut bien encor lui rendre à l'avenir... »

GÉRONTE.

Où donc ce beau discours doit-il enfin venir?
Voyons.

M. SCRUPULE, *lisant.*

« Quinze cents francs de rentes viagères,
Pour avoir souvenir de moi dans ses prières. »

CRISPIN, *se prosternant aux pieds de Géronte.*

Oui, je vous le promets, monsieur, à deux genoux,
Jusqu'au dernier soupir je prîrai Dieu pour vous.
Voilà ce qui s'appelle un vraiment honnête homme!
Si généreusement me laisser cette somme!

GÉRONTE.

Non ferai-je, parbleu! Que veut dire ceci?
(*Au notaire.*)
Monsieur, de tous ces legs je veux être éclairci.

M. SCRUPULE.

Quel éclaircissement voulez-vous qu'on vous donne?
Et je n'écris jamais que ce que l'on m'ordonne.

GÉRONTE.

Quoi! moi, j'aurais légué, sans aucune raison,
Quinze cents francs de rente à ce maître fripon,
Qu'Éraste aurait chassé, s'il m'avait voulu croire!

CRISPIN, *toujours à genoux.*

Ne vous repentez pas d'une œuvre méritoire.
Voulez-vous, démentant un généreux effort,
Être avaricieux, même après votre mort?

GÉRONTE.

Ne m'a-t-on point volé mes billets dans mes poches?
Je tremble du malheur dont je sens les approches:
Je n'ose me fouiller.

ÉRASTE, *à part.*

Quel funeste embarras!

(*Haut, à Géronte.*)

Vous les cherchez en vain; vous ne les avez pas.

GÉRONTE, *à Éraste.*

Où sont-ils donc? réponds.

ÉRASTE.

Tantôt, pour Isabelle,
Je les ai, par votre ordre exprès, portés chez elle.

GÉRONTE.

Par mon ordre!

ÉRASTE.

Oui, monsieur.

GÉRONTE.

Je ne m'en souviens point.

CRISPIN.

C'est votre léthargie.

GÉRONTE.

Oh! je veux, sur ce point,
Qu'on me fasse raison. Quelles friponneries!
Je suis las, à la fin, de tant de léthargies.

(*A Éraste.*)

Cours chez elle; dis-lui que, quand j'ai fait ce don,
J'avais perdu l'esprit, le sens et la raison.

SCÈNE VIII

Mme ARGANTE, ISABELLE, GÉRONTE, ÉRASTE LISETTE, CRISPIN, M. SCRUPULE.

ISABELLE, *à Géronte.*

Ne vous alarmez point, je viens pour vous les rendre.

GÉRONTE.

Oh ciel !

ÉRASTE.

Mais sous des lois que nous osons prétendre.

GÉRONTE.

Et quelles sont ces lois ?

ÉRASTE.

Je vous prie humblement

De vouloir approuver le présent testament.

GÉRONTE.

Mais tu n'y penses pas : veux-tu donc que je laisse

A cette chambrière un legs de cette espèce ?

LISETTE.

Songez à l'intérêt que le ciel vous en rend :

Et plus le legs est gros, plus le mérite est grand.

GÉRONTE, *à Crispin.*

Et ce maraud aurait cette somme en partage !

CRISPIN.

Je vous promets, monsieur, d'en faire un bon usage :

De plus, ce legs ne peut en rien vous faire tort.

GÉRONTE.

Il est vrai qu'il n'en doit jouir qu'après ma mort.

ÉRASTE.

Ce n'est pas encor tout : regardez cette belle !
Vous savez ce qu'un cœur peut ressentir pour elle,
Vous avez éprouvé le pouvoir de ses coups :
Charmé de ses attraits, j'embrasse vos genoux,
Et je vous la demande en qualité de femme.

GÉRONTE.

Ah ! monsieur mon neveu...

ÉRASTE.

Je n'ai fait voir ma flam
Que lorsqu'en écoutant un sentiment plus sain
Votre cœur moins épris a changé de dessein.

MADAME ARGANTE.

Je crois que vous et moi nous ne saurions mieux faire.

GÉRONTE.

Nous verrons ; mais, avant de conclure l'affaire,
Je veux voir mes billets en entier.

ISABELLE.

Les voilà :
Tels que je les reçus, je les rends.
(*Elle présente le portefeuille à Géronte.*)

LISETTE, *prenant le portefeuille plus tôt que Géronte.*

Halte-là !
Convenons de nos faits avant que de rien rendre.

GÉRONTE.

Si tu ne me les rends, je vous ferai tous pendre.

ÉRASTE, *se jetant à genoux.*

Monsieur, vous me voyez embrasser vos genoux ;
Voulez-vous aujourd'hui nous désespérer tous ?

LISETTE, *à genoux.*

Eh ! monsieur...

CRISPIN, *à genoux*.

Eh ! monsieur...

GÉRONTE.

La tendresse m'accueille.
ites-moi, n'a-t-on rien distrait du portefeuille ?

ISABELLE.

Non, monsieur; je vous jure : il est en son entier :
Et vous retrouverez jusqu'au moindre papier.

GÉRONTE.

Eh bien, s'il est ainsi, par-devant le notaire,
Pour avoir mes billets, je consens à tout faire :
Je ratifie en tout le présent testament,
Et donne à votre hymen un plein consentement.
Mes billets ?

LISETTE.

Les voilà.

ÉRASTE, *à Géronte*.

Quelle action de grâce !

GÉRONTE.

De vos remercîments volontiers je me passe.
Mariez-vous tous deux, c'est bien fait ; j'y consens ;
Mais surtout au plus tôt procréez des enfants
Qui puissent hériter de vous en droite ligne :
De tous collatéraux l'engeance est trop maligne.
Détestez à jamais tous neveux bas-normands,
Et nièces que le diable amène ici du Mans :
Fléaux plus dangereux, animaux plus funestes
Que ne furent jamais les guerres ni les pestes.

SCÈNE IX

CRISPIN, LISETTE.

CRISPIN.

Laissons-le dans l'erreur; nous sommes héritiers.
Lisette, sur mon front viens ceindre des lauriers;
Mais n'y mets rien de plus pendant le mariage.

LISETTE.

J'ai du bien maintenant assez pour être sage.

CRISPIN, *au parterre.*

Messieurs, j'ai, grâce au ciel, mis la barque à bon port.
En faveur des vivants je fais revivre un mort;
Je nomme, à mes désirs, un ample légataire;
J'acquiers quinze cents francs de rente viagère,
Et femme au par-dessus; mais ce n'est pas assez :
Je renonce à mon legs si vous n'applaudissez.

FIN DU LÉGATAIRE UNIVERSEL.

LE BAL

COMÉDIE EN UN ACTE ET EN VERS

AVEC UN DIVERTISSEMENT

1696

PERSONNAGES

GÉRONTE, père de Léonor.
LÉONOR.
VALÈRE, amant de Léonor.
M. DE SOTENCOUR, bourgeois de Falaise.
LISETTE, servante de Léonor.
MERLIN, valet de Valère.
FIJAC, Gascon, sous le nom du baron d'Aubignac.
MATHIEU CROCHET, cousin de M. de Sotencour.
M. GRASSET, rôtisseur.
M. LA MONTAGNE, marchand de vin.
GILLETTE.
TROUPE DE MASQUES.

La scène est à Charonne.

LE BAL [1]

SCÈNE PREMIÈRE

MERLIN.

voici dans Charonne, et voilà le logis
l'amour nous conduit : gardons d'être surpris.
ait, ma foi, bien chaud ; j'ai bien eu de la peine :
suis venu sans boire. Ouf ! je suis hors d'haleine.
isque dans ce lieu bien plus qu'au cabaret.
isieur Géronte a l'air d'un petit indiscret ;
me voit, ce vieillard m'éconduira peut-être
t incivilement. D'ailleurs aussi mon maître
un autre brutal qui n'entend pas raison,
eut être introduit ce soir dans la maison.
e ces deux écueils, je le donne au plus sage
ouvoir se sauver ici de quelque orage.
n est fou ! pour un autre aller risquer son dos !
qu'un grand philosophe a dit bien à propos
n bon valet était une pièce bien rare !
it que pour la noce ici tout se prépare.
eux en tapinois faire la guerre à l'œil.

Cette comédie a été représentée et imprimée sous le
lu *Bourgeois de Falaise* ; mais, en 1700, M. Regnard,
le recueil de ses œuvres, jugea à propos de l'intituler
l.

Déjà la nuit commence à s'habiller de deuil.
Lisette dans ces lieux m'a promis de se rendre,
Pour savoir quel parti mon maître pourra prendre.
Mais j'entrevois quelqu'un.

SCÈNE II

MERLIN; M. GRASSET, *tenant un plat de rôt;* M. LA MONTAGNE, *tenant un panier de bouteilles.*

M. GRASSET, *à Merlin.*

Monsieur, voilà le rôt.

M. LA MONTAGNE, *à Merlin.*

Monsieur, voilà le vin.

MERLIN.

Vous venez à propos.

(*A part.*)
Ils me prennent sans doute ici pour l'économe:
Profitons de l'erreur; faisons le majordome.

M. GRASSET.

Voilà douze poulets à la pâte nourris:
Autant de pigeons gras, dont les culs sont farcis;
Poules de Caux, pluviers, une demi-douzaine
De râles de genêt, six lapin de garenne;
Deux jeunes marcassins, avec quatre faisans:
Le tout est couronné de soixante ortolans;
Et des perdrix, morbleu! d'un fumet admirable.
Sentez plutôt. Quel baume!

MERLIN.

Oui, je me donne au diable,
Ce gibier est charmant; et je le garantis

Bourgeois, et né natif en plaine Saint-Denis.

M. GRASSET.

Monsieur !

MERLIN.

Oh ! je connais vos tours. Qu'il vous souvienne
Qu'un jour, étant chez vous, par malheur la garenne
S'ouvrit, et qu'aussitôt on vit tous vos garçons
S'armer habilement de broches, de bâtons,
Et qu'ils eurent grand'peine, avec cet air si brave,
A faire rembûcher au fond de votre cave,
Et dans votre grenier, tous les lapins fuyards
Qu'on voyait dans la rue abondamment épars.

M. GRASSET.

Je ne mérite pas, monsieur, un tel reproche.

MERLIN *prend deux perdrix qu'il met dans sa poche.*

Donnez-moi deux perdrix : allez coucher en broche ;
Et souvenez-vous bien, vous et vos galopins,
De mieux à l'avenir enfermer vos lapins.

(*A M. La Montagne.*)

Entrez. Pour vous, monsieur, qui portez la vendange,
Vous ne valez pas mieux ; on ne perd rien au change.
C'est là tout mon vin ?

M. LA MONTAGNE.

Tout ; on n'est pas un fripon.
Il faut être en ce monde ou marchand ou larron.

MERLIN, *tirant une bouteille.*

On est bien tous les deux. Voyons. Sans vous déplaire,
Cette bouteille-ci me paraît bien légère.
Vous êtes un fripon, un scélérat.

M. LA MONTAGNE.

Monsieur,

Vous me rendez confus.

MERLIN.

Un Arabe, un voleur.

M. LA MONTAGNE.

Vous avez des bontés !

MERLIN.

Sans parler de la colle
Ni des ingrédients dont votre art nous désole...
Je vous y tiens : voilà, monsieur le gargotier,
Des bouteilles qui sont faites d'un triple osier.
Ah ! monsieur le pendard !

(Il défait une bouteille couverte de trois ou quatre osiers, en sorte qu'il n'en demeure qu'un fort petit.)

M. LA MONTAGNE.

Mais ce n'est pas ma faute.
Le marchand...

MERLIN.

Se peut-il volerie aussi haute ?
De l'or et des grandeurs, je n'en demande pas :
Juste ciel, seulement fais qu'avant mon trépas
Je puisse de mes yeux voir trois de ces corsaires,
Ornant superbement trois bois patibulaires,
Pour prix de leurs larcins, en public élevés,
Danser la sarabande à deux pieds des pavés !
Voilà les vœux ardents que fait pour votre avance
Le plus sincère ami que vous ayez en France.
Adieu... Laissez-m'en deux comme un échantillon,
Pour montrer qu'à bon droit vous passez pour fripon.

(Il les met dans sa poche et en prend une troisième.)

M. LA MONTAGNE.

Vous avez pris mon vin !

M. GRASSET.

Qui me paîra ma viande?

MERLIN.

Je l'ai fait à dessein. Hippocrate commande,
Et dit en quelque endroit que, pour se bien porter,
Il se faut quelquefois dérober un souper.

SCÈNE III

MERLIN.

Si toute cette troupe et celui qui l'envoie
Étaient au fond de l'eau, que j'en aurais de joie!
Voici la noce en branle. *(Il boit.)*

SCÈNE IV

LISETTE, MERLIN.

LISETTE.

Ah! Merlin, te voilà
La bouteille à la main! que diantre fais-tu là?

MERLIN *boit.*

En t'attendant, tu vois que je me désennuie.

LISETTE.

Tout est perdu, Merlin; Léonor se marie.
Monsieur de Sotencour, pour nous faire enrager,
De Falaise à Paris vient par le messager:
Il arrive en ce jour, et pour lui faire fête,
Hors ma maîtresse et moi, tout le monde s'apprête.

MERLIN *boit.*

Que j'en ai de chagrin !

LISETTE.

Pour faire un plein régal,
Ce soir avant la noce on donne ici le bal.

MERLIN, *vidant sa bouteille.*

On donne ici le bal ! L'affaire est donc finie?

LISETTE.

Autant vaut, mon enfant.

MERLIN.

Morbleu ! j'entre en furie,
En songeant qu'un morceau si tendre et si friand
Doit tomber sous la main d'un maudit Bas-Normand,
Et de Falaise encor. Dis-moi : monsieur Géronte,
Père de Léonor, ne meurt-il point de honte?

LISETTE.

Ce Normand a, dit-il, plus de cent mille écus ;
Et, pour faire un mari, c'est autant de vertus.

MERLIN.

Et que dit ta maîtresse?

LISETTE.

Elle se désespère,
S'arrache les cheveux.

MERLIN.

Autant en fait Valère.
A table, aux Entonnoirs, dans un grand embarras,
Le pauvre diable attend sa vie ou son trépas.

LISETTE.

Il peut donc maintenant, puisque l'affaire est faite,
Mourir quand il voudra.

MERLIN.

Quoi ! ma pauvre Lisette,
aisserons-nous crever un pauvre agonisant ?

LISETTE.

'as-tu point de remède à ce mal si pressant,
uelque élixir heureux, quelque once d'émétique ?

MERLIN.

Mais toi, ne peux-tu rien tirer de ta boutique ?
'ai fait la diable à quatre.

ete [illegible]ETTE.

[illegible]leurs, et s'en [illegible] fait le dragon,
Moi. J'attends même [illegible] arrêter [illegible] parent gascon,
A qui j'ai fait le bec, et qui ce soir s'engage
A venir traverser ce maudit mariage.

MERLIN.

.t quel est ce Gascon que tu mets dans l'emploi ?

LISETTE.

C'est un fourbe, un fripon, à peu près comme toi.

MERLIN.

Comme moi, des fripons ! Figeac seul me ressemble.

LISETTE.

C'est lui.

MERLIN.

Je le verrai, nous agirons ensemble.
Si Valère pouvait seulement se montrer...

LISETTE.

Bon ! cela ne se peut. Comment pouvoir entrer ?
Tout le monde au logis vous connaît l'un et l'autre.

MERLIN.

Ne sais-tu pas encor quelle adresse est la nôtre ?
On m'a dit que ce soir on doit danser, chanter.

LISETTE.

On me l'a dit ainsi.

MERLIN.

J'en saurai profiter.

Aide-nous seulement.

LISETTE.

Je suis prête à tout faire.

MERLIN.

Et moi, je te promets que si, dans cette affaire,
Mon maître, plus heureux, é[illegible]nito,
Je pourrai t'épouser de m[illegible]upto.

[illegible]TTE.

Depuis que mon mari, par grâce singulière,
D'un surtout de sapin que l'on appelle bière,
Dont on sort rarement, a voulu se munir,
J'ai fait vœu d'être veuve, et je le veux tenir.

MERLIN.

Oui-da, l'état de veuve est une douce chose :
On a plusieurs amants, sans que personne en glose;
Et l'on fait justement, du soir jusqu'au matin,
Comme ces fins gourmets qui vont goûter le vin.
Sans acheter d'aucun à chaque pièce on tâte;
On laisse celui-ci de peur qu'il ne se gâte;
On ne veut pas de l'un parce qu'il est trop vert,
Celui-ci trop paillet, cet autre trop couvert;
D'un tel vin la couleur est malade et bizarre;
Cet autre dans le chaud peut tourner à la barre;
L'un est trop plat au goût, l'autre trop petillant,
Et ce dernier enfin a trop peu de montant.
Ainsi sans rien choisir de tout on fait épreuve;
Et voilà justement comme fait une veuve.

LISETTE.

Une veuve a raison. J'aime mieux, prix pour prix,
Deux amants comme il faut que cinquante maris.
Un époux est un vin difficile à revendre,
On peut en essayer, mais il n'en faut pas prendre.

MERLIN.

Si tu voulais de moi faire un petit essai,
J'ai du montant de reste, et le vin assez gai.
Mais je m'arrête trop, et je laisse mon maître
Se distiller en pleurs, et s'enivrer peut-être.
Je te quitte, et je vais arrêter ses transports.
Si Lisette est pour nous, nous sommes assez forts.

SCÈNE V

LISETTE.

Je veux à les servir m'employer tout entière :
Ce monsieur Bas-Normand me choque la visière.

SCÈNE VI

GILLETTE, LISETTE.

GILLETTE.

De la joie! Ah! Lisette. A la fin dans la cour
Arrive, avec fracas, monsieur de Sotencour :
Monsieur de Sotencour!

LISETTE.

Au diantre la bégueule!
Avec son Sotencour! Voyez comme elle gueule!

GILLETTE.

Je l'ai vu de mes yeux descendre de cheval :
Il amène un cousin, un grand original,
Qu'on avait mis en croupe ainsi qu'une valise.
Mais les voici tous deux.

LISETTE.

L'affaire est dans sa crise.

SCÈNE VII

M. DE SOTENCOUR, MATHIEU CROCHET, *en guêtres*; UN VALET, *qui porte une lanterne et un sac*; LISETTE

SOTENCOUR.

Trop heureuse maison! et vous, murs trop épais,
Qui cachez à mes yeux le plus beau des objets,
Qui dans vos noirs détours recélez Léonore,
Faites de votre pis, cachez-la mieux encore;
Mais bientôt, malgré vous, je verrai ses appas
Cap à cap, sans réserve, et du haut jusqu'en bas;
Je verrai son nez... son... Mais j'aperçois Lisette.
Maîtresse subalterne, adorable soubrette,
Tu me vois en ces lieux en propre original
Pour serrer le doux nœud du lien conjugal.

LISETTE, *à part*.

Le bourreau t'en fasse un qui te serre la gorge,
Maudit provincial!

SOTENCOUR.

De plaisirs je regorge
En songeant... Ah! cousin, qu'elle a le nez joli,

› minois égrillard, le cuir fin et poli !
ır son blanc estomac deux globes se soutiennent,
ʌi pourtant à l'envi sans cesse vont et viennent,
t qui font que d'amour je suis presque enragé :
›ur le reste, cousin, quel heureux préjugé !
eau m'en vient à la bouche.

MATHIEU CROCHET, *en normand.*

Est-elle brune ou blonde ?

SOTENCOUR.

h ! non ; elle est bai-clair ; ses cheveux sont en onde,
t fort négligemment flottent à gros bouillons
ır sa gorge d'albâtre, et vont jusqu'aux talons.
›n teint est... tricolore ; elle est ma foi charmante.
(*A Lisette.*)
ı belle de me voir est bien impatiente !
›mment se porte-t-elle ?

LISETTE.

Assez mal ; elle dit
ı'elle ne fait la nuit que tourner dans son lit.

SOTENCOUR.

ıns peu nous calmerons le tourment qu'elle endure,
t nous l'empêcherons de tourner, je te jure.

LISETTE.

ıns cesse elle soupire.

SOTENCOUR.

Eh bien, cousin, tu voi :
i-je tort quand je dis qu'elle est folle de moi ?

LISETTE.

›ut est feinte, monsieur, souvent dans une fille :
› vous y fiez pas. L'une paraît gentille,
›ur savoir se servir d'une beauté d'emprunt,

Mettre un visage blanc sur un visage brun;
L'autre de faux cheveux compose sa coiffure;
Cette autre de ses dents bâtit l'architecture;
Celle-ci doit sa taille à son patin trompeur,
Et l'autre ses tétons à l'art de son tailleur.
Des charmes apparents on est souvent la dupe,
Et rien n'est si trompeur qu'animal porte-jupe.

SOTENCOUR.

Léonor aurait-elle aucun de ces défauts?

LISETTE.

Je ne dis pas cela; mais le monde est si faux!
Une fille toujours a quelque fer qui loche.

MATHIEU CROCHET.

Oh! cousin, n'allez pas acheter chat en poche.
Pour savoir si la belle est droite ou de travers,
Faites-la visiter avant par des experts.

SOTENCOUR.

Bon, bon; va, s'il fallait que cette marchandise
Fût sujette à visite avant que d'être prise,
Malgré tant d'acheteurs, je te jure, cousin,
Qu'elle demeurerait longtemps au magasin.
Mais je la vois paraître.

SCÈNE VIII

M. GÉRONTE, LÉONOR, SOTENCOUR, MATHIEU CROCHET, LISETTE.

M. GÉRONTE, *à Sotencour*.

Ah! serviteur, mon gendre;
Soyez le bienvenu. Vous vous faites attendre;

re retardement allait m'inquiéter,
na fille était prête à s'impatienter.

SOTENCOUR.

suis persuadé. Mais vous aussi, madame,
npatients transports vous bourrelez mon âme;
: cœur, tout pantelant comme un cerf aux abois,
avance à vos pieds vient apporter son bois;
beaux yeux désormais sont le nord ou le pôle
de tous mes désirs tournera la boussole;
appas, vos attraits... qui vous font tant d'honneur...
s ne répondez rien, doux objet de mon cœur!

M. GÉRONTE.

joie et le plaisir...

SOTENCOUR.

Je vous entends, beau-père;
plaisir de me voir la gonfle de manière
elle ne peut parler?

M. GÉRONTE.

Justement.

SOTENCOUR.

Dans ce jour
s ne ferons plus qu'un, vous et moi, Sotencour.

LISETTE, *à part.*

! la belle union!

SOTENCOUR.

Moi, bien fait, vous, gentille,
s allons mettre au monde une belle famille.
u-père, on dit bien vrai; quant à moi, j'y souscris
a beau faire, il faut prendre femme à Paris;
n y taille en plein drap. Nos femmes de province
l'abord repoussant, la mine plate et mince,

L'esprit sec et bouché, le regard de hibou,
L'entretien discourtois et l'accueil loup-garou;
Mais le sexe, à Paris, a la mine jolie,
L'air attractif, surtout la croupe rebondie;
Mais il est diablement sujet à caution.

MATHIEU CROCHET.

On dit qu'à forligner il a propension.

SOTENCOUR.

Je veux croire pourtant, malgré la destinée,
Que je pourrai toujours aller tête levée;
Que, malgré votre nez et cet air égrillard,
Mon front entre vos mains ne court point de hasard.
Voudriez-vous, mignonne, à la fleur de mon âge,
Mettre inhumainement mon honneur au pillage?
Me réserveriez-vous pour un tel accident?
Hein? vous ne dites mot.

LISETTE, *à part.*

Qui ne dit mot consent.

SOTENCOUR.

Beau-père, jusqu'ici, s'il faut que je le dise,
Ma future n'a point encor dit de sottise;
Peut-être qu'elle en pense; en tout cas, j'avertis
Qu'elle a l'entretien maigre et le discours concis.

M. GÉRONTE.

Tant mieux pour une femme.

SOTENCOUR.

Oui, quand par retenue
Elle caquette peu; mais si c'est une grue...
Dans ma famille, au moins, on ne voit point de sots.
Lui, par exemple, il a plus d'esprit qu'il n'est gros.

MATHIEU CROCHET.

cousin me connaît. Oh ! je ne suis pas cruche,
l que vous me voyez.

SOTENCOUR.

Lui... c'est la coqueluche
es filles de Falaise. Il étudie en droit,
sait tout son Cujas sur le bout de son doigt.

MATHIEU CROCHET.

1 quand on a du code acquis quelque teinture,
ès des femmes de reste on sait la procédure ;
ous autres du barreau nous sommes des gaillards.

LISETTE.

ous êtes avocat ?

MATHIEU CROCHET.

Et de plus maître ès arts.

SOTENCOUR.

ès-altéré, beau-père, au moins ne vous déplaise :
a soif volontiers quand on vient de Falaise.
lons tâter du vin.

M. GÉRONTE.

Allons, c'est fort bien dit.

SOTENCOUR.

me sens là-dedans un terrible appétit.

MATHIEU CROCHET.

puis trois jours je jeûne, afin d'être capable
pouvoir dignement faire figure à table.

LISETTE.

onsieur est prévoyant.

SOTENCOUR.

Vraiment, c'est fort bien
lons, suivez-moi donc, cousin Mathieu Crochet.

Bientôt nous reviendrons, ô beauté mon idole !
Voir si vous n'avez point retrouvé la parole.

SCÈNE IX

LÉONOR, LISETTE, *regardant partir Mathieu Crochet.*

LISETTE.

Voilà ce qui s'appelle un garçon fait au tour.

LÉONOR.

Lisette, que dis-tu de monsieur Sotencour ?

LISETTE.

Et de Mathieu Crochet, qu'en dites-vous, madame ?

LÉONOR.

De monsieur Sotencour je deviendrais la femme !
A ne t'en point mentir, je suis au désespoir.

LISETTE.

Oh ! qu'il ne vous tient pas encore en son pouvoir !
Valère n'est pas homme à quitter la partie ;
Il faut qu'il vous épouse, ou j'y perdrai la vie.

SCÈNE X

LÉONOR, LISETTE ; MERLIN, *en maître de m que, avec des porteurs d'instruments, dans l' desquels est Valère.*

MERLIN *chante.*

Pour attraper un rossignol,
Ré mi fa sol,
Je disais un jour à Nanette,
Il faut aller au bois. Mais chut !
Mi fa sol ut.

Je me trouvai dans sa cachette;
Le rossignol y vint aussi,
Mi ré ut si;
Et sitôt qu'il fut sur la branche,
Prêt à chanter de son bon gré,
Sol fa mi ré,
Elle le prit de sa main blanche,
Et puis dans sa cage le mit,
La sol fa mi.

LISETTE.

cherchez-vous, monsieur, avec cet équipage?

MERLIN.

s voyez un Breton prêt à vous rendre hommage.
uis plus de vingt ans je rôde l'univers,
e fais admirer l'effet de mes concerts.

LISETTE.

t mieux pour vous, monsieur, j'en ai l'âme ravie:
s nous ne sommes point en goût de symphonie;
sez-nous, s'il vous plaît, avec tous nos ennuis.

MERLIN.

nd vous me connaîtrez... vous saurez qui je suis.

LISETTE.

e crois bien.

MERLIN.

Je suis un musicien rare,
rmé de mon savoir, gueux, ivrogne et bizarre.

LISETTE.

r la profession voilà de grands talents!

MERLIN, *à Léonor*.

adriez-vous m'entendre

LÉONOR.

Oh! je n'ai pas le temps;
chagrins trop cuisants j'ai l'âme pénétrée.

MERLIN.

Tant mieux : je vous voudrais encor désespérée.

LISETTE.

Elle n'en est pas loin.

MERLIN.

C'est comme je la veux,

Pour donner à mon art un exercice heureux.

LÉONOR.

Pour des Bretons, monsieur, gardez votre science.

MERLIN.

J'ai tout ce qu'il vous faut autant qu'homme de France.
Tout Breton que je suis je sais, votre besoin.

LISETTE, *à Léonor*.

Ne le renvoyons pas, puisqu'il vient de si loin.

MERLIN.

Dans un concert d'hymen lorsque quelqu'un discorde,
Je sais juste baisser ou hausser une corde ;
Nul ne sait de l'amour mieux le diapason,
Ni mettre, comme moi, deux cœurs à l'unisson.

LISETTE.

Oh ! vous aurez grand'peine, avec votre industrie,
A faire ici chanter deux amants en partie.

MERLIN.

J'ai dans cet étui-là, madame, un instrument
Qui calmerait bientôt vos maux assurément :
Il est doux, amoureux, insinuant et tendre,
Et qui va droit au cœur.

LISETTE.

Ne peut-on point l'entendre ?

LÉONOR.

Ah ! laisse-moi, Lisette, en proie à mon malheur.

LISETTE.

Madame, un air ou deux calment bien la douleur.

MERLIN.

Écoutez-le, de grâce, un seul moment sans peine;
Et, s'il ne vous plaît pas, soudain je le rengaîne.
(Il ouvre l'étui dans lequel est Valère.)
Cet instrument, madame, est-il de votre goût?

LÉONOR.

Que vois-je? c'est Valère!

LISETTE.

Et Merlin!

MERLIN.

Point du tout;
Je suis un Bas-Breton.

VALÈRE.

Non, belle Léonore,
Je n'ai pu résister au feu qui me dévore;
Et, puisqu'on rompt les nœuds qui nous avaient liés,
Je viens dans ce moment expirer à vos pieds.

LÉONOR.

A quoi m'exposez-vous?

VALÈRE.

Pardonnez à mon zèle.

LÉONOR

Mon père va venir.

LISETTE.

Je ferai sentinelle.

LÉONOR.

Mais que prétendez-vous?

VALÈRE.

Vous prouver mon amour.
Pour détourner l'hymen qu'on veut faire en ce jour.

Souffrez que cet amour soit en droit de tout faire.

LISETTE.

Gare ! tout est perdu, j'aperçois votre père.

MERLIN, *à Valère.*

Rentrez vite. (*Valère rentre dans l'étui.*)

LISETTE.

Non, non, ce n'est pas encor lui.

MERLIN.

Maugrebleu de la masque ! Allons rouvrir l'étui.
C'est Lisette, monsieur, qui cause ce vacarme.
(*A Lisette.*)
Fais mieux le guet au moins : une seconde alarme
Démonterait, morbleu, l'instrument pour toujours.

VALÈRE, *sortant de l'étui.*

Ah ! madame, aujourd'hui secondez nos amours ;
Évitez d'un rival l'odieuse poursuite ;
Ce soir, pendant le bal, livrez-vous à la fuite.

LÉONOR.

Mais comment?

VALÈRE.

De Merlin vous saurez pleinement...

LISETTE.

Vite, vite, rentrez, monsieur de l'instrument.
Ah ! Merlin, pour le coup, c'est Géronte en personne.

VALÈRE.

Ah ! madame...

MERLIN, *à Valère.*

Eh ! rentrez.

(*Valère rentre dans l'étui.*)

LÉONOR, *à Merlin.*

A toi je m'abandonne.

(*Elle sort.*)

SCÈNE XI

M. GÉRONTE, SOTENCOUR, LISETTE, MERLIN, VALÈRE, *dans l'étui.*

MERLIN, *feignant d'être en colère.*

Oui, vous êtes un sot en bécarre, en bémol,
Par la clef d'F ut fa, C sol ut, G ré sol.
De la sorte insulter la musique bretonne!

SOTENCOUR.

Lisette, quelle est donc cette mine bouffonne!

LISETTE.

C'est un musicien Bas-Breton.

SOTENCOUR.

Bas-Breton!
Cet homme doit chanter sur un diable de ton.
Je crois dès à présent sa musique enragée;
Jamais de son pays il n'est venu d'Orphée;
Pour des doubles bidets, passe.

MERLIN.

Fat, animal,
Vil carabin d'orchestre, atome musical,
Par la mort...

SOTENCOUR, *l'arrêtant.*

Doucement.

MERLIN.

Tenez-moi, je vous prie;
Si j'échappe une fois, je veux avoir sa vie.
Laissez...

(Il donne un coup sur les doigts de Sotencour.)

SOTENCOUR.

Si je te tiens, je veux être empalé...

MERLIN, *revenant.*

Comment ! me soutenir que mon air est pillé !
Un air délicieux, que j'estime, que j'aime,
Et que j'ai pris plaisir à composer moi-même
Dans Quimper-Corentin.

M. GÉRONTE.

Il a tort.

LISETTE.

Entre nous
Cela ne se dit point.

SOTENCOUR.

Là, là, consolez-vous;
Ce n'est pas un grand mal; on ne voit point en France
Punir de ces larcins la fréquente licence.
Mais que vois-je ! Est-ce à vous ce petit instrument ?

MERLIN.

Pour vous servir, monsieur.

SOTENCOUR.

J'en joue élégamment.
Je vais vous régaler d'un petit air.

MERLIN, *l'arrêtant.*

De grâce,
Je ne puis m'arrêter... Il faut...

SOTENCOUR.

Sur cette basse
Je veux que l'on m'entende un moment préluder.

MERLIN.

Vous seriez trop longtemps, monsieur, à l'accorder;
Et de plus mon valet a la clef dans sa poche.

SOTENCOUR.

Tous ces gens-là sont faits de croche et d'anicroche;
Je vous dis que je veux...

LISETTE.

Vous en joûrez fort mal :
L'instrument est breton.

MERLIN.

Et tant soit peu brutal;
Vous l'entendrez tantôt, je me ferai connaître;
Et vous verrez pour lors quel homme je puis être.

SOTENCOUR.

Quoi ! vous voulez, monsieur, donner concert céans ?

MERLIN.

Je cherche à me produire aux yeux d'habiles gens.

SOTENCOUR.

Vous venez tout à point. Ce soir je me marie:
De la noce et du bal souffrez que je vous prie.

MERLIN.

Volontiers : j'y prétends figurer comme il faut.

LISETTE, *à Merlin.*

Faites toujours porter votre instrument là-haut.

SOTENCOUR, *à Merlin.*

Allons, venez, monsieur, je m'en vais vous conduire;
Moi-même dans le bal je veux vous introduire.

MERLIN, *en reportant son étui.*

Et je m'introduirai de moi-même au soupé.

(*A part.*)

Ma foi, nous et l'étui l'avons bien échappé.

SCÈNE XII

SOTENCOUR, LISETTE.

SOTENCOUR.

Eh bien, que dirons-nous? Où donc est ta maîtresse?
Je vois qu'à me trouver la belle peu s'empresse;
Si nous ne nous cherchons jamais plus volontiers,
Je ne lui promets pas grand nombre d'héritiers.

LISETTE.

Bon! je sais des maris qui, pour éviter noise,
N'ont jamais approché leurs femmes d'une toise,
Et qui ne laissent pas d'avoir en leur maison
Un grand nombre d'enfants qui portent tous leur nom.

SOTENCOUR.

Je sais que Léonor aime un certain Valère,
Un fat, un freluquet, qui n'a l'heur de lui plaire
Que par son air pincé; meis c'est un petit fou,
Sans esprit, sans mérite, et qui n'a pas un sou:
On m'a dit seulement que sa langue babille.

LISETTE.

Et que faut-il de plus pour toucher une fille?

SOTENCOUR.

Oui!... Dis à Léonor, en termes clairs et nets,
Que je ne veux pas être époux *ad honores*.
Vois-tu, je ne suis pas de ces gens débonnaires
Qui font valoir leur femme en des mains étrangères;
Et, mettant à profit un salutaire affront,
Lèvent à petit bruit un impôt sur leur front.

SCÈNE XIII

LE BARON D'AUBIGNAC, *Gascon*; LISETTE, SOTENCOUR.

LE BARON.

Ah! monsieur, jé vous cherche. Eh! permettez dé grâce,
Qué sans plus différer ici jé vous embrasse.

SOTENCOUR.

Pour la première fois l'accueil est fraternel.

LE BARON.

N'est-cé pas vous, monsieur, qui vous nommez un tel?

SOTENCOUR.

Oui, je me nomme un tel; mais j'ai, ne vous déplaise,
Encore un autre nom.

LE BARON.

Jé viens vous montrer l'aise
Qué j'ai d'avoir appris qué vous vous mariez.

SOTENCOUR.

Je ne mérite pas, monsieur, tant d'amitiés.

LE BARON.

Nul né prend plus qué moi dé part à cette affaire.

SOTENCOUR.

Et pourquoi, s'il vous plaît, peut-elle tant vous plaire?

LE BARON.

Pourquoi? Cetté démande est bonne! Mainténant
Qué vous aller rouler déssus l'argent comptant,
Vous né férez, je crois, loyal comme vous êtes,
Nulle difficulté dé bien payer vos dettes.

SOTENCOUR.

Grâces au ciel, monsieur, je ne dois nul argent,
Et vais le front levé, sans crainte du sergent.

LE BARON.

Cinq cents louis pour vous c'est une vagatelle;
Allons, payez-les-moi.

SOTENCOUR.

La demande est nouvelle!
Sotencour est mon nom; me connaissez-vous bien?

LE BARON.

Sotencour... justément, c'est pour vous qué jé vien.

SOTENCOUR.

Je vous dois quelque chose!

LE BARON.

Eh donc, lé tour est drôle!
C'est cet argent, monsieur, qué, sur votré parole,
Jé vous ai très-gagné, l'autre hiver, à trois dés.

SOTENCOUR.

A moi, monsieur?

LE BARON.

A vous.

SOTENCOUR.

Et, parbleu! vous rêvez:
Pour connaître vos gens mettez mieux vos lunettes.

LE BARON.

Comment! chétif mortel, vous déniez vos dettes!
Vous né connaissez plus lé baron d'Aubignac,
Vicomté dé Dougnac, Croupignac, Foulignac,
Gentilhommé gascon, plus noblé qué personne,
D'uné race ancienne autant qué la Garonne?

SOTENCOUR.

Quand elle le serait tout autant que le Nil,

Votre propos, monsieur, n'est ni beau ni civil.
Je ne vous connais point, ni ne veux vous connaître.

LE BARON.

Il né mé connaît pas! lé scélérat, lé traître!
Né vous souvient-il plus dé cet hiver dernier,
Quand notré régiment fut chez vous en quartier,
Un jour dé carnaval, chez cetté conseillère
Qui m'adorait... Eh donc, vous mémorez l'affaire?

SOTENCOUR.

Pas plus qu'auparavant, je ne sais ce que c'est.

LE BARON, *mettant la main sur son épée.*

Ah! jé vous en férai souvenir, s'il vous plaît;
Car, cadédis, jé veux qué lé diable mé scie...

LISETTE, *l'arrêtant.*

Ah! tout beau: dans ce lieu point de bruit, je vous prie.
Monsieur est honnête homme, et qui vous paîra bien.

SOTENCOUR.

Moi, payer! Eh! pourquoi, si je ne lui dois rien?

LE BARON.

Vous né mé dévez rien?

LISETTE.

Un Gascon n'est pas homme
A venir sans sujet demander une somme.

SOTENCOUR.

Un Gascon! un Gascon a grand besoin d'argent;
Et, pourvu qu'il en trouve, il n'importe comment.
Jamais de son pays ne vint lettre de change;
Et, quoiqu'il mange peu, si faut-il bien qu'il mange.

LISETTE.

Donnez-lui seulement deux ou trois cents écus.

SOTENCOUR.

' s mieux cent fois vous voir tous deux pendus.

LE BARON, *l'épée à la main.*

C'est trop contre un faquin réténir ma colère.

LISETTE, *au baron.*

Eh! de grâce, monsieur!

LE BARON.

Non, non, laissez-moi faire;

Qué jé lé perce à jour.

SOTENCOUR *crie.*

A l'aide! je suis mort.

SCÈNE XIV

GÉRONTE, SOTENCOUR, LISETTE, LE BARON D'AUBIGNAC.

M. GÉRONTE.

Pour quel sujet, messieurs, criez-vous donc si fort?

LE BARON.

Un atomé bourgeois qui perd sur sa parole,
Et né veut pas payer!... Mais cé qui mé console,
Jé veux dévénir nul, ou j'en aurai raison.

M. GÉRONTE.

Que veut dire cela?

SOTENCOUR, *à Géronte.*

Monsieur, c'est un fripon,
Un Gascon affamé qui cherche à vous surprendre.

LE BARON, *à Géronte, voulant percer Sotencour.*

Rétirez-vous, monsieur.

M. GÉRONTE.

Ah ! tout beau, c'est mon gendre.

LE BARON.

Cet homme est votré gendre ?

M. GÉRONTE.

Il le sera dans peu.

LE BARON.

Tant mieux ; vous mé paîrez cé qu'il mé doit au jeu.
Jé fais arrêt sur vous, sur la fille et la dote.

M. GÉRONTE, *à Sotencour.*

Quoi ! vous avez perdu ?

SOTENCOUR.

Je vous dis qu'il radote.
Je ne sais...

LE BARON, *à Géronte.*

Nuit et jour il hanté les brélans ;
Il doit encore au jeu plus dé vingt millé francs.

M. GÉRONTE.

Plus de vingt mille francs ?

LE BARON.

Oui, monsieur.

SOTENCOUR.

Je vous jure,
Foi de vrai Bas-Normand, que c'est une imposture ;
Que je ne comprends rien à ce maudit jargon ;
Et ne sais pour tout jeu que l'oie et le toton.

LE BARON.

Vous mé gâtez ici bien du temps en paroles.
Monsieur, jé veux toucher mes quatré cents pistoles,
Ou, cadédis, jé veux lé saigner à l'instant.

M. GÉRONTE.

Si mon gendre vous doit...

LE BARON.

S'il mé doit!

M. GÉRONTE.

Je prétends

Que vous soyez payé : mais, sans plus de colère,
Permettez qu'à demain nous remettions l'affaire.
Je marie aujourd'hui ma fille, et retiendrai
Sur sa dot cet argent que je vous donnerai.

LE BARON.

C'est parler comme il faut. Quand on est raisonnable,
Tout Gascon qué jé suis, jé suis doux et traitable.
Adieu. Jusqu'à démain. Mais souvénez-vous-en
Qué j'ai votré parole et grand bésoin d'argent.

SCÈNE XV

GÉRONTE, LISETTE, SOTENCOUR.

M. GÉRONTE.

Vous êtes donc joueur?

SOTENCOUR.

Que l'on me pilorie

Si j'ai hanté ni vu ce Gascon de ma vie!

M. GÉRONTE.

Mais pourquoi viendrait-il...?

SOTENCOUR.

C'est un fourbe ; et, sans vous,

J'allais vous le bourrer comme il faut.

LISETTE.

Entre nous

Vous avez d'un joueur acquis la renommée ;

Et le feu, comme on dit, ne va point sans fumée.

SOTENCOUR.

Oh! quittons ce propos, et ne songeons qu'au bal.
J'aperçois le cousin; il n'est, ma foi, point mal.

SCÈNE XVI

MATHIEU CROCHET, *en habit de Cupidon*; GÉRONTE, SOTENCOUR, LISETTE, LEONOR, *couverte d'une grande mante de taffetas, un masque à la main*; UNE TROUPE DE DIFFÉRENTS MASQUES.

MATHIEU CROCHET.

Me voilà, mon cousin, dans mon habit de masque.

SOTENCOUR.

L'équipage est galant, et l'attirail fantasque.
Ma prétendue aussi n'est pas mal, sur ma foi;
Mon cœur, en la voyant, me dit je ne sais quoi.

LÉONOR.

Oh! qu'il ne vous dit pas tout ce que le mien pense.

LISETTE.

Le cousin est masqué mieux que personne en France;
Il est tout à manger : les femmes dans le bal
La prendront pour l'Amour en propre original.

MATHIEU CROCHET.

N'est-il pas vrai?

SOTENCOUR.

Parbleu, plus d'une curieuse,
De l'aîné des Amours va tomber amoureuse,
Et voudra de plus près connaître le cousin.

MATHIEU CROCHET.

Qu'on s'y frotte... on verra.

LISETTE.

O le petit lutin !

Qu'il va blesser de cœurs !

SCÈNE XVII

MERLIN, GÉRONTE, LÉONOR, LISETTE, LE BARON D'AUBIGNAC, SOTENCOUR, MATHIEU CROCHET ET TOUS LES MASQUES.

MERLIN.

Monsieur, je viens vous dire

Que mon concert est prêt.

SOTENCOUR.

Çà, ne songeons qu'à rire.

Cousin, il faut ici remuer le gigot.

MATHIEU CROCHET.

Laissez-moi faire, allez, je ne suis pas un sot :

Je vais plus qu'on ne veut quand l'on m'a mis en danse.

(*A Merlin.*)

Allons, ferme, monsieur : il est temps qu'on commence.

C'est à nous de danser et d'entamer le bal.

(*Dans le mouvement qu'on fait pour commencer le bal, le baron, couvert d'une pareille mante que Léonor, prend sa place, et Sotencour danse avec lui. Léonor et Lisette sortent pendant leur danse.*)

SOTENCOUR.

Qu'en dites-vous, beau-père ! Hé ! cela va-t-il mal ?

SCÈNE XVIII

GILLETTE, GÉRONTE, SOTENCOUR, MERLIN, LE BARON, ET TOUS LES MASQUES.

GILLETTE.

Au secours ! au secours ! votre fille, on l'emporte ;
Des carêmes-prenants lui font passer la porte.

M. GÉRONTE.

Que dis-tu là ?

GILLETTE.

Je dis que quatre hommes, là-bas,
La font aller, monsieur, plus vite que le pas.

M. GÉRONTE.

Quoi ! ma fille... ?

GILLETTE.

Oui, monsieur.

SOTENCOUR.

La plaisante nouvelle !
Tu rêves ; tiens, voilà que je danse avec elle.

MERLIN.

Monsieur, laissez-la dire ; elle a perdu l'esprit.

GILLETTE.

Non, vous dis-je.

SOTENCOUR.

On te dit que dessous cet habit
C'est Léonor.

GILLETTE.

Et non ; je n'ai pas la berlue,
Je viens de la quitter à l'instant dans la rue.

SOTENCOUR.

Oh ! vous ne manquerez, sur ma foi, pas de gendre,
Ni vos petits-enfants de père. Allons, Mathieu,
Retournons à Falaise.

MATHIEU CROCHET.

Adieu, messieurs, adieu.

MERLIN.

Place à Mathieu Crochet.

SCÈNE XX

LÉONOR, GÉRONTE, VALÈRE, LISETTE, MERLIN
LE BARON, ET TOUS LES MASQUES.

LÉONOR.

A vos genoux, mon père...

M. GÉRONTE.

Oublions le passé, ma fille ; en cette affaire,
Je n'ai point prétendu forcer tes volontés.

LÉONOR.

Que ne vous dois-je point pour de telles bontés !

M. GÉRONTE.

Pour vous, dont je connais le bien et la famille,
Valère, je veux bien que vous ayez ma fille.

VALÈRE.

Monsieur...

M. GÉRONTE.

Nous vous devons assez en ce moment,
De nous avoir défaits de ce couple normand.

MERLIN.

L'honnête homme, morbleu ! Vive monsieur Géronte !

Ma foi, sans moi, la belle en avait pour son compte.
Puisque tout est d'accord maintenant entre vous,
Rions, dansons, chantons et divertissons-nous.

(*Tous les masques qui sont sur le théâtre font une espèce de bal, et après qu'on a dansé un passe-pied, le baron chante l'air gascon suivant.*)

LE BARON.

Cadédis, vive la Garonne!
En valur on n'y craint personne;
Les faquins y sont des héros:
Jé vous lé dis en quatré mots,
En amour, comme au jeu, jé vrille,
Et, comme un dé, j'escamote uné fille.

(*On reprend la danse, après laquelle Merlin chante un passe-pied breton.*)

MERLIN.

Un jour de printemps,
Tout le long d'un verger
Colin va chantant,
Pour ses maux soulager:
Ma bergère, laisse-moi, la la la la la, rela, rela;
Ma bergère, laisse-moi
Prendre un tendre baiser.

(*Les masques se prennent par la main et dansent en chantant.*)

Ma bergère, laisse-moi, la la la la la, etc.

MERLIN.

La belle à l'instant
Répond à son berger:
« Tu veux en chantant
Un baiser dérober? »

UNE BERGÈRE.

Non, Colin, ne le prends pas,
La la la la, rela, rela;
Non, Colin, ne le prends pas,
Je vais te le donner.

LE CHŒUR.

Non, Colin, ne le prends pas,
La la la la, rela, rela ;
Non, Colin, ne le prends pas,
Je vais te le donner.

(Tous les masques, ayant formé une danse en rond se retirent ; et Merlin chante au parterre le couplet suivant :)

MERLIN.

Si mon air breton
A su vous divertir,
Messieurs, d'un haut ton
Daignez nous applaudir ;
Mais, s'il ne vous plaisait pas,
La la la la ;
Mais, s'il ne vous plaisait pas,
Dites-le-nous tout bas.

FIN

Paris. — Imprimerie Nouvelle (assoc. ouv.), 11, rue Cadet.
G. Masquin, directeur.

CPSIA information can be obtained
at www.ICGtesting.com
Printed in the USA
BVHW04s1128300718
523029BV00012B/143/P